MARCO POOLO

Costa Blanca
Costa del Azahar
Costa Cálida

Reisen mit Insider Tipps

Diesen Führer schrieb Thomas Hirsch,
Leiter des Verlags Editora Sur de Economía
in Palma de Mallorca.

www.marcopolo.de
Infos zu den beliebtesten Reisezielen
im Internet, siehe auch Seite 104

MAIRS GEOGRAPHISCHER VERLAG

SYMBOLE

 MARCO POLO INSIDER-TIPPS:
Von unserem Autor für Sie entdeckt

 MARCO POLO HIGHLIGHTS:
Alles, was Sie an der Costa Blanca
kennen sollten

 HIER HABEN SIE EINE SCHÖNE AUSSICHT

WO SIE JUNGE LEUTE TREFFEN

PREISKATEGORIEN

Hotels
€€€ über 100 Euro
€€ 60–100 Euro
€ unter 60 Euro

Restaurants
€€€ über 40 Euro
€€ 25–40 Euro
€ unter 25 Euro

Die Preise gelten für eine Übernachtung von zwei Personen im Doppelzimmer. Die Mehrwertsteuer (IVA) von 7 Prozent wird üblicherweise dem Zimmerpreis zugeschlagen.

Die Preise gelten für ein dreigängiges Essen à la carta sowie eine halbe Flasche Hauswein. Mittags, oft auch abends, bieten viele Restaurants günstige Menüs an.

KARTEN

[114 A1] Seitenzahlen und Koordinaten
für den Reiseatlas Costa Blanca

[0] außerhalb des Kartenausschnitts

Karten zu València, Alacant (Alicante), Elx (Elche)
und Murcia finden Sie im hinteren Umschlag.

Zu Ihrer Orientierung sind auch die Orte mit
Koordinaten versehen, die nicht im Reiseatlas
eingetragen sind.

GUT ZU WISSEN

Ein Hundeleben **10** · Am Haken **15**
Spezialitäten der Costa Blanca **20** · Kirchenmusik **33**
Frühobst der besonderen Art **53** · Intakte Natur **59**
Das kommt mir Spanisch vor **74** · Hohe Schule des Fischfangs **81**

INHALT

DIE BESTEN MARCO POLO INSIDER-TIPPS	vorderer Umschlag
DIE WICHTIGSTEN MARCO POLO HIGHLIGHTS	4
AUFTAKT	7
Entdecken Sie die Costa Blanca!	
Geschichtstabelle	8
STICHWORTE	13
Zufallsblüten und Krokusnarben	
ESSEN & TRINKEN	19
Meer und Land in einer Reispfanne	
EINKAUFEN	23
Für die Seide kam jede Hilfe zu spät	
FESTE, EVENTS UND MEHR	24
VALÈNCIA/COSTA DEL AZAHAR	27
Wo die Orangen blüh'n	
DÉNIA/BENIDORM	47
Das warme Herz der Costa Blanca	
ALACANT/ELX	61
Besuch bei einer alten Dame	
MURCIA/COSTA CÁLIDA	77
Spaniens heiße Küste	
AUSFLÜGE & TOUREN	87
Maurenfestungen und heiße Quellen	
SPORT & AKTIVITÄTEN	93
Sattel, Segel und noch viel Meer	
MIT KINDERN REISEN	97
Tiere, Wasserspaß und flotte Flitzer	
ANGESAGT!	100
PRAKTISCHE HINWEISE	101
Von Anreise bis Zoll	
SPRACHFÜHRER	107
REISEATLAS COSTA BLANCA	111
KARTENLEGENDE REISEATLAS	113
MARCO POLO PROGRAMM	125
REGISTER	126
IMPRESSUM	127
BLOSS NICHT!	128

Die wichtigsten
Marco Polo Highlights

Sehenswürdigkeiten, Orte und Erlebnisse, die Sie nicht verpassen sollten

Fiestas de Moros y Cristianos
Überall an der Costa Blanca gehen die Mauren und Christen alle Jahre in trauter Eintracht aufeinander los – farbenprächtige Spektakel (Seite 24)

Los Caballos del Vino
Augenschmaus nicht nur für Pferdefreunde: Caravaca de la Cruz feiert Anfang Mai mit festlich geschmückten Rössern (Seite 25)

Tomatita in Buñol
Hier ist gutes Waschmittel gefragt: Man bewirft sich Ende August mit Tonnen von Tomaten (Seite 25 und 44)

Cuenca
Wie kann man so verwegen bauen? Die Stadt am Rande der Mancha besticht durch historisches Flair (Seite 32)

Ciudad de las Artes y las Ciencias
Valèncias Komplex der futuristischen Art voller spannender Inhalte (Seite 35)

Convento de Santo Domingo
Valèncias Capilla Real – eines der schönsten Werke mediterraner Gotik (Seite 36)

Playa de Levante
An diesem Strand führen Sie die Sachen aus, die Sie in Benidorms Nobelboutiquen erstanden haben (Seite 49)

Flanieren auf der Explanda de España von Alacant

Die hängenden Häuser von Cuenca

 Penyal d'Ifac
Dieser Kalkfelsen, das Wahrzeichen der Costa Blanca, hat tausendundzwei Gesichter (Seite 52)

 Guadelest
Den Ausblick werden Sie kaum vergessen. Die schönste maurische Bergfestung Spaniens hat aber auch allerhand Kurzweil zu bieten (Seite 53)

 Explanada de España
Auf einem 600 m langen Wellenmosaik aus farbigem Marmor wandeln Sie über die Prachtpromenade von Alacant (Seite 63)

 Elx
Die Stadt der Palmen hat einigen ihrer sich sanft im Wind wiegenden Wahrzeichen sogar Namen gegeben (Seite 70)

 Museo Salzillo
In der Ermita de Jesús in Murcia können Sie Francisco Salzillos Heiligenfiguren bewundern, die zum Osterfest durch die Gassen getragen werden (Seite 82)

Der Penyal d'Ifac bei Calp

 Castillo de Forna
Die gut erhaltene Maurenfestung im Hinterland ist unbedingt einen Ausflug wert (Seite 87)

 Cap de Sant Antoni
Abtauchen in die Unterwasserwelt des Meeresreservats an der Landspitze zwischen Dénia und Xàbia (Seite 95)

 Terra Mítica
Der größte Vergnügungspark Spaniens lässt die Helden der Antike auferstehen. Das feucht-feurige Spektakel in Benidorm fasziniert nicht nur die Jüngsten (Seite 99)

 Die Highlights sind in der Karte auf dem hinteren Umschlag eingetragen

AUFTAKT

Entdecken Sie die Costa Blanca!

Neun Monate Frühling und drei Monate Sommer

Tiefblau glänzen die Kuppeln der Kirche Nuestra Señora del Consuelo in der Sonne über dem weißen Häusergewirr der Altstadt von Altea. Heute ist es so windig, dass man auf den Tischen an der Uferpromenade von Altea die Servietten festhalten muss. Das Mittelmeer gischtet über die Kaimauer und salzt den frischen Thunfischsalat nach. Die Dattelpalmen biegen sich und schütteln ihre Wedel. Für Dezember ist dies Wetter trotzdem nicht zu verachten: Zum Frühstück saß man auf den Terrassen vor den Bars am Hafen von Moraira dicht gedrängt – im T-Shirt! An der Costa Blanca gibt es keinen Winter, dafür aber drei Monate Sommer und neun Monate Frühling. Wenn sich anderswo in Europa noch rote Nasen tief in die Mantelkrägen drücken, verzaubert hier bereits der Duft jener Blüten die Küste, die der nördlichen Fortsetzung der Costa Blanca, jenseits von Dénia, ihren arabischen Namen gaben: *Costa del Azahar,* »Orangenblütenküste«.

Doch auch rund um den Penyal d'Ifac, jenen markanten weißen Kreidefelsen von Calp an der eigentlichen »Weißen Küste«, die ihren

Fischer beim Netzeflicken

Namen gleichermaßen dem Licht von jährlich über 300 Sonnentagen, den geweißten Häusern wie ihren Kalkfelsen verdankt, bleibt die Zitrusfrucht ein ständiger Begleiter. Das gilt bis hinab zur »Heißen Küste«, der *Costa Cálida* von Murcia, wo man bei einer Fahrt durch wüstengleiche Steppen kaum glauben mag, dass hier noch etwas wachsen kann. Am Fuß einer Burgruine labt man sich an einer frisch gepflückten Kaktusfeige und kommt ins Träumen. Schon lange bevor die Kirchenkuppeln von Elx und Altea in der Sonne glänzten, schwärmten arabische Dichter und Reisende, die hier auf dem Weg zur Kalifenstadt Córdoba Halt machten, in den höchsten Tönen von Murcias Gärten.

Diese rund 700 km lange Küste ist Spaniens Morgenland, das Land, in dem die Sonne aufgeht: *Levante.* Feinsandige Strände wechseln sich

Die Kuppeln der Kirche von Altea verraten das maurische Erbe

Geschichtstabelle

Um 40 000 v. Chr. Altsteinzeitliche Nomaden besiedeln erste Höhlen bei Villena

1700–900 v. Chr. Die Keltiberer bauen befestigte Städte; Phönizier und Griechen siedeln an der Küste

600–300 v. Chr. Blüte der iberischen Kultur, Gründung von La Alcudia bei Elx, reger Handel mit Griechen und Phöniziern; die Büste der Dama de Elche entsteht

237 v. Chr.–200 n. Chr. Die Karthager erobern Spanien und gründen 227 Carthago Nova (Cartagena), 219 v. Chr. erobert Hannibal Sagunt; nach dem 2. Punischen Krieg römische Herrschaft, 138 v. Chr. Gründung von València

3. Jh.–718 Zerfall des Römischen Reiches, Zerstörung von Illici (Elx) durch Alemannen; im 4./5. Jh. Christianisierung, im 6. Jh. kurze byzantinische Herrschaft um Cartagena, dann Westgotenherrschaft; 718 hält der Islam in València Einzug

8. Jh.–1238 Bis ins 11. Jh. Blüte des Islams; in der Reconquista erobert 1093 erst El Cid, 1238 Jaime I. von Aragonien València; dessen Territorium wird Königreich

1609 Nach Reconquista und Inquisition lässt König Philipp II. die christianisierten Mauren (Morisken) und die Juden vertreiben

1707 Im Erbfolgekrieg verliert València seinen Rang als Königreich

19. Jh. Napoleonische Kriege, Karlistenkriege, 1873 1. Republik, 1874 Restauration

1931 Verfassung der 2. Republik

1936–39 Im Bürgerkrieg ist València bis 1937 Hauptstadt der Republik

Ab 1940 Nach dem Sieg der nationalistischen Truppen bleibt Spanien im Zweiten Weltkrieg neutral; unter Diktator Franco Isolierung des Landes, 1955 UN-Beitritt; 1959 erstes Charterflugzeug mit Benidorm-Touristen

1975 Franco stirbt, König Juan Carlos leitet die Demokratisierung ein; 1978 eine Verfassung

Ab 1982 València wird Autonome Region; Spanien tritt 1982 der Nato, 1986 der EG bei

2000 In Benidorm öffnet der Vergnügungspark »Terra Mítica«

2001/2002 Der kälteste Winter seit 25 Jahren verwüstet mit Stürmen ganze Küstenabschnitte

2002 Der Euro löst die Peseta als Landeswährung ab

2003 Valèncias »Stadt der Künste und der Wissenschaften« wird vollendet

AUFTAKT

Reichlich Platz an der Platja Caleta von La Vila Joiosa

mit schroffen Klippen ab, dazwischen versteckte Buchten, die vergessen lassen, dass hier auch die Hochburgen des spanischen Massentourismus in den Himmel ragen.

Zu Ferienspezialisten haben sich Benidorm (»Klein Manhattan«) und La Manga am Mar Menor gemausert. Das Land zahlt den Preis für die Lockungen von Sonne, Sand und Urlaubsflirt mit einer vielerorts verbauten Küste. Dafür ist Langeweile hier ein Fremdwort: kein Freizeitsport, bei dem man hier nicht schwitzen könnte, keine Nacht, die sich nicht in Pubs, Clubs und Diskotheken durchfeiern ließe. Fish & Chips, Wiener Schnitzel und Eisbein bekommt problemlos, wer sich trotz der kulinarischen Genüsse der hiesigen Küche lieber wie zu Hause fühlen möchte. Schon immer strömten Menschen aus aller Herren Länder an die Costa Blanca: als Kaufleute, als Gäste, als Eroberer oder als Piraten. Neben Neuem besteht Altes fort, auch die malerischen Gassen des einstigen Fischerdorfes Benidorm – umzingelt von Hoteltürmen. Den ästhetisch überzeugendsten Beitrag zur neuen Zeit hat València mit der »Stadt der Künste und Wissenschaften« geleistet – ein architektonisches Highlight des valencianischen Stararchitekten Santiago Calatrava, zu dem auch Félix Candela mit dem L'Oceanogràfic seinen Teil beigetragen hat. Die neue Visitenkarte der Küste ist auch dank Wissenschaftsmuseum und Europas größtem Meereszoo einen Besuch wert.

> **Stolze Burgen und ein berauschendes Blütenmeer**

Wer auf eigene Faust an die Costa Blanca reist, den verzaubert vor allem das Hinterland, für das sich sogar in Spanien das deutsche Wort eingebürgert hat. *El hinterland* steht als Begriff für spannende Entdeckungen abgelegener Landschaften mit jahrhundertelang umkämpften Städten,

Ein Hundeleben

Vierbeiner unerwünscht!

An der Costa Blanca sind Hunde nicht erwünscht. Urlauber sollten es sich gut überlegen, ob der Vierbeiner zu Hause bei Freunden nicht besser aufgehoben ist: Er darf nicht mit ins Hotel, nicht ins Restaurant, in kein Geschäft und auch nicht an den Strand, denn überall heißt es: ¡perros – no! Uneinsichtige Touristen werden mit saftigen Bußgeldern belegt.

---

die stolz über ihre Mauerwälle blicken oder verwegen am Rand tiefer Schluchten hängen. Unmittelbar hinter der Küste und hinter den fruchtbaren Ebenen um Murcia, Alacant (Alicante) und València ragen die Gebirge bald 1 000, an vielen Stellen 2000 m hoch auf.

In den küstennahen Niederungen öffnen die Zitrusbäume vereinzelt schon Ende Februar die ersten Knospen, die sich zur bereits fortgeschrittenen Mandelblüte gesellen. Bald geben die Kirschen ihre weißrosa Blütenpracht dazu – ein Blütenmeer, das sich auf Anbauterrassen über sanfte Hügel breitet oder schroffe Berge erklimmt, auf denen die Ruinen vormals stolzer Burgen thronen. Sie erinnern an die Zeit, als Christen und Muslime ihre Machtbereiche gegeneinander verteidigten. Bekanntlich siegten schließlich die christlichen Könige. Sie ließen die Moscheen abreißen und an ihrer Stelle Kirchen und Kathedralen errichten. Doch in deren blauen Keramikkuppeln lebt etwas von der maurischen Kultur fort, die auch Spaniens Levanteküste 800 Jahre lang prägte. Sie spiegelt sich in der Töpferkunst von Manises und Agost, in der Mudéjar-Architektur, die in Teruel ihr Zentrum hat, im mandelsüßen Weihnachtsgebäck der *turrones* von Jijona, im köstlichen Zitronengebäck der Augustinerschwestern von Orihuela und in tausend anderen Details. Auch in den Festen an der Costa Blanca lebt diese Vergangenheit weiter: Bei den *Fiestas de Moros y Cristianos* vertreiben Christen Jahr für Jahr aufs Neue die Mauren. Mit viel Phantasie verkleidet man sich zum Fest als christlicher Krieger, als *moro*, düsterer Berberpirat oder Haremsdame.

Vielleicht liegt es an den ständigen Frischzellenkuren, die der Costa Blanca von der Geschichte verpasst wurden, dass man hier die Verkleidung liebt und auch noch die Weihnachtszeit zum *carnaval* macht. Außerdem lieben die Bewohner der Levanteküste alles, was kracht, raucht oder sonstwie Spaß macht. In Buñol bewirft man sich mit Tomaten, in Pego schippert man in abenteuerlichen Kostümen auf Flößen den Fluss hinunter, in der Johannisnacht springt man überall über lodernde Sonnenwendfeuer. Dazu werden kleine und riesige Paellas gegart. ¡Viva la

> **Barockes Lebensgefühl: ¡Viva la fiesta!**

AUFTAKT

fiesta! Das barocke Lebensgefühl der Levante passt den Menschen wie ein Maßanzug. So verehrt man in Murcia die Heiligenfiguren, die Francisco Salzillo aus dem Holz geschält hat, als seien sie lebendig. Mit Inbrunst krönt man in Elx Jahr für Jahr die Himmelskönigin unter der Kuppel einer eigens dafür gebauten Basilika.

》*Internationales Flair*《

Die Gegend der *huerta* von Murcia bis hin zu den Orangenplantagen von Castelló zählt zu den ergiebigsten Gärten Europas – dank der Bewässerungssysteme, die bereits die Römer erdacht hatten. So kommt es, dass auf den Wochenmärkten bereits im März frische Kirschen angeboten werden und im April die Stände von *nísperos* überquellen, die hier an den Mispelbäumen reifen. In Murcia gibt es Pflanzungen einer sündhaft teuren Blüte, die in keiner guten Küche fehlen darf: Safran, dessen spanischer Name seine arabische Herkunft verrät: *azafrán*. Ohne *azafrán* würde aus dem Reis, der selbst auch in Pego und um den Salzsee La Albufera angebaut wird, nicht die goldgelbsaftige Paella, die die valencianische Küche berühmt gemacht hat.

Die »Weiße Küste« ist Europas führende Wohnstatt von Nord- und zunehmend auch Osteuropäern, die kalter Winter müde sind. Lange Zeit als Altersruhesitz für Rentner verschrien, legt Spaniens Levanteküste auch dieses Vorurteil ab. Immer mehr junge Gesichter stecken die Nase in ihre deutsche, niederländische, französische oder seit neuestem auch russische Lokalzeitung, haben ein Restaurant, einen Handwerksbetrieb, ein Hotel aufgebaut und sind zu dem stattlichen Heer der »Langzeiturlauber« gestoßen. Wer zum Urlaub an die Costa Blanca fährt, ist also gewarnt: Er besucht eine höchst ansteckende Küste.

Belebter Platz: die Glorieta de España von Murcia

STICHWORTE

Zufallsblüten und Krokusnarben

Wissenswertes über einen Landstrich, wo Wassermangel und Waldbrände notorisch sind

Autonomie
Autonome Regionen *(comunidades autónomas)* sind in Spanien, was den Deutschen ihre Bundesländer sind. Siebzehn an der Zahl, legen sie Wert auf die Wahrung ihrer jeweiligen Identität und sind ein wichtiger Pfeiler des politischen Systems, das in der *transición,* dem Übergang von der Diktatur Francisco Francos zur Demokratie, geschaffen wurde. Bereits vor Bürgerkrieg und Diktatur verfügten Katalonien und das Baskenland in der Zweiten Republik mit Autonomiestatuten über weitgehende Eigenständigkeit. An diese Tradition knüpfte das neue, demokratische Spanien 1977 an.

Azahar
Das spanische Wort für »Orangenblüte« stammt vom arabischen *zahr (zahar)* für »Blüte«. Die Blüte des Orangenbaums gilt als Symbol der Reinheit. Deshalb tragen spanische Frauen *azahares* in ihrem Hochzeitsstrauß, in die Haartracht oder ans Kleid gesteckt. Doch nicht nur deshalb: Weil auf arabischen Würfeln die Orangenblüte den höchsten

Blüten und Früchte zugleich bietet die Apfelsine, der »Apfel aus China«

Wert symbolisierte, steht sie seither stellvertretend für das Glück. Das spanische Wort für »Zufall«, *azar,* wurzelt daher ebenfalls im arabischen Wort für »Blüte«.

Bacalao
Der Blick ins Wörterbuch lockt auf eine falsche Fährte. Gewiss meint *bacalao* zunächst den Kabeljau: getrocknet und gepökelt Grundlage für viele Gerichte. Verbreiteter aber ist das Wort längst als Bezeichnung für den Technosound. Sich auf die *ruta del bacalao* zu begeben heißt: durch die Diskos ziehen, sich im Technomeer wie ein Fisch im Wasser fühlen, einförmig, aber glücklich wie ein Kabeljau im Schwarm.

Casas rurales
Als Alternative zum Strandtourismus fördern die Regionen zunehmend den Tourismus im Hinterland. So entstanden zahlreiche zauberhafte *casas rurales,* ländliche Häuser für Ausflüge ins Hinterland oder für den Aufenthalt dort. Auf einige solcher kleiner Hotels oder Ferienhäuser, die auch Freizeitsport anbieten, wird bei den Orten hingewiesen. Im Kapitel »Praktische Hinweise« finden sich Adressen für Auswahl und Reservierung.

Zum Feiern gibt's immer einen Anlass: Fiestas de Primavera in Murcia

Ferias, fiestas

Estar de fiesta bedeutet mehr als nur »ein Fest feiern«. Es ist ein Zustand des Ausgelassenseins, in den die Bewohner sich und ihr Dorf oder ihre Stadt versetzen, besonders zur *fiesta mayor,* der Hauptfeierlichkeit zu Ehren des oder der Schutzheiligen. Oft ist mit der *fiesta* eine *feria* verbunden – eine Kirmes, die auch Kindern Spaß macht.

Flamenco

Wer bei Flamenco nur an Sevilla denkt, denkt falsch. Die »Prinzessin« von Andalusiens Städten hat die *sevillana* berühmt gemacht, die weltweit als Synonym für Flamenco missverstanden wird. Das soll die Freude an dieser temperamentvollen Folklore nicht verderben, die auch an der Costa Blanca geboten wird. Flamenco ist zuallererst Gesang, *cante,* im Verein mit *toque* (Instrumentalmusik, meist der Gitarre) und *baile,* dem Tanz, der durch das Stampfen *(zapateo)* ebenfalls musikalisch eingesetzt wird. Aus dem *cante* hört auch das ungeübte Ohr einen Teil seiner Wurzeln heraus: gregorianischen Gesang, byzantinische, jüdische und arabische Musik. Aus diesen Quellen speiste sich der Flamenco, der mit dem Jazz in Verbindung gebracht wird, mit dem er eine vertrackte Rhythmik und die Improvisation teilt. Ebenso wie der Blues von den Schwarzen in den USA wurde der Flamenco von einer lange unterdrückten Minderheit entwickelt: den *gitanos,* dem spanischen Zweig des Zigeunervolks, die unter der Inquisition die musikalischen Traditionen der maurischen Herrschaft in Spanien weiterführten. Eine charakteristische Form des Flamenco ist der *cante jondo,* klagend und melancholisch. Aus den Bergwerken Murcias stammt die regionale Form des *cante de las minas,* dem ein interessantes Festival gewidmet ist.

STICHWORTE

Moros
Ähnlich wie die muslimischen Eroberer Spaniens das Land jenseits der Meerenge von Gibraltar *Al-Andalus,* »Land der Wandalen«, nannten, weil dieses Volk von dort im 5. Jh. nach Afrika übergesetzt war, wurde in Spanien von jeher jeder, der aus Afrika herüberkam, als *moro* abgestempelt, als »Maure«. Im Deutschen hat es sich eingebürgert, die unter islamischer Herrschaft in Spanien entstandene Kultur als »maurisch« zu bezeichnen. Dabei machten die arabisch-berberischen »Mauren« nur einen Teil der islamischen Völker aus, die seit dem Sieg über die Westgoten im Jahr 711 in das »Wandalenland« einwanderten. Im Spanischen spricht man von der *cultura árabe.* Während das Wort *moro* einigermaßen harmlos für die *Fiestas de Moros y Cristianos* benutzt wird, ist es im allgemeinen Sprachgebrauch ein abfälliges Wort für Einwanderer aus Nordafrika.

Safran
Seit das zartrosa blühende Krokusgewächs im 10. Jh. aus Arabien eingeführt wurde, ist Safran auf den Feldern der Mancha, aber auch in der Comunidad Valenciana und in Murcia fest verwurzelt. Dass ein Gramm echten Safrans, womit die Blütennarben von *Crocus sativa* gemeint sind, im Handel stolze 5 Euro kostet, liegt am Ernte- und Veredlungsprozess, der in Handarbeit geleistet wird. Knapp 15 000 kg jährlich werden in Spanien über wohl temperierter Glut geröstet.

Sorolla
Der impressionistische Maler Joaquín Sorolla y Bastida aus València (1863–1923) hat mit seiner »Malerei des Lichts« wie kein anderer Lebensart und Atmosphäre der Levanteküste eingefangen. Er studierte in València, Rom und Paris und führte die Freilichtmalerei in Spanien ein. Seine Impressionen nur zu betrach-

Am Haken

Ruckzuck ist das Auto weg

Bevor Sie an der Costa Blanca ein Auto in Bewegung setzen, sollten Sie Folgendes wissen: Parken Sie niemals an einer Bordsteinkante, die mit einem gelben Streifen versehen ist, schon gar nicht auf gelben Zickzacklinien. Ihr Wagen wird dort schneller abgeschleppt, als Sie im Café nebenan Ihren *cortado* schlürfen können, selbst dann, wenn er keine Behinderung darstellt. Bei Ihrer Rückkehr finden Sie einen kleinen, auf den Boden gepappten Zettel mit einer Telefonnummer vor. Hier können Sie erfragen, wo sich Ihr Vehikel jetzt befindet, so Sie des Spanischen mächtig sind … Es wieder auszulösen kommt teuer, und hinfinden müssen Sie auch erstmal! An blauen Bordsteinkanten müssen Sie einen Parkschein ziehen. Paradox: Von der Polizei meist geduldet wird das kurzzeitige Halten mit Warnblinklicht in zweiter Reihe, auch wenn dadurch eine Fahrspur komplett blockiert wird.

ten – z. B. im Museo de Bellas Artes in València – kommt fast schon einem Urlaub gleich …

Stierkampf

Nachdem im 18. Jh. der legendäre Pedro Romero im andalusischen Ronda die heutige Form des Stierkampfs entwickelt hatte, begannen sich die *matadores* in der Arena einen Namen zu machen. València hat nur einen wirklich »großen« *torero* zur Ahnengalerie der Stierkämpfer beigesteuert: Manuel Granero. Er starb am 7. Mai 1922 in der Arena von Las Ventas in Madrid an den Folgen eines furchtbaren Hornstoßes des Stiers Pocapena (»Luftikus«).

Vom *toro bravo,* dem tapferen Stier, erwarten die *aficionados,* die Kenner und Freunde des Rituals, *casta* und *bravura: Rasse* und Tapferkeit. Erlangt der Stier die Gunst des Publikums, so applaudiert es seinem Kadaver, wenn dieser nach dem Todesstoß aus der Arena geschleift wird. Zum Stierkampf gehen nennen die Spanier mit Bewunderung für das mächtige Tier *ver a los toros:* die Stiere sehen. Die Liebhaber des Stierkampfs sehen in diesem Ritual keine Tierquälerei, sondern eine würdige Inszenierung des Todes.

Das Ritual hat drei Akte: Zunächst reizen *toreros* und *matadores* (Stiertöter) den Stier mit der gelblila *capota.* Zum ersten Mal macht der jetzt 6-jährige *toro* mit dem Tuch Bekanntschaft. Stiere sind klug und lernen schnell, dass ihre Hörner hinter dem Tuch ins Leere gehen. An der Art, wie der Stier das Pferd des *picadors* angreift, erkennen die *aficionados* seine Klasse. Der Reiter nutzt den Angriff, um mit seiner Lanze die Nackenmuskeln des Stiers zu schwächen und ihn für die *faena,* den finalen Kampf mit dem Torero, gefügig zu machen. Im zweiten Drittel wird der Stier mit *banderillas* gereizt: Holzpflöcke mit stählernen Widerhaken, die der *banderillero* dem Stier im freien Lauf in den Rücken pflanzt. Im letzten Drittel, der *faena,* führt der *matador* mit der roten *muleta* den Stier in einer Vielzahl von Figuren dicht an seinem Körper vorbei. Zwanzig Minuten nachdem zum ersten Drittel geblasen wurde, muss der *matador* die *estocada*, den Todesstoß, auch *suerte* (Glück) genannt, führen. Der Torero stößt dem Stier seinen Degen zwischen die Schulterblätter. Viele jüngere Spanier beginnen ebenso wie ein Großteil der Touristen, sich von dem blutigen Spektakel abzuwenden.

Suelta de vaquillas

Zu *ferias* und *fiestas* werden in vielen Orten wilde junge Kühe oder Stiere losgelassen, an denen Einheimische und zunehmend auch Touristen ihren Mut erproben. Immer wieder kommt es dabei zu tödlichen Unfällen. An der Levanteküste veranstaltet man dieses Spektakel mit Vorliebe auch bei Dunkelheit und bindet den Tieren Fackeln an die Hörner. Bei der *suelta de vaquillas* am Hafen von Dénia jagen junge Stiere wagemutige Männer und Frauen über die Hafenmauer und landen dabei selber oft im Wasser. *Bous a la Mar* heißt das Schauspiel. Nicht nur aus Sicht der Tiere verspricht die *fiesta* in Caravaca de la Cruz, bei der geschmückte Pferde die Attraktion sind, mehr Spaß.

Valenciano

Überall an der Costa Blanca spricht man Spanisch. Doch die Sprache der *Comunitat* ist nicht Spanisch,

STICHWORTE

Die Rauchschwaden eines Waldbrandes ziehen über die Berge bei Moraira

wie die beiden *t* in der offiziellen Landesbezeichnung beweisen. Sie ist aber auch nicht Katalanisch: Die eingesessenen Valencianer verbitten es sich, das *valènciano* als Dialekt des Katalanischen einzustufen. Reisende bringen diese Sprachwirren bisweilen bei Hinweisschildern in Schwierigkeiten. Suchen sie den Hafen, so kann statt *puerto* das valencianische *port* auf dem Schild stehen. Die Aufschrift *Jutjat* neben dem Symbol eines klassizistischen Portals führt nicht zu einem Museum, sondern zum Gericht, spanisch *juzgado*. Leider ist auch die Beschilderung an Autobahnen und Landstraßen häufig uneinheitlich.

Waldbrände

Wer Flammen sieht, sollte umgehend unter der in València und Murcia schon gültigen Notrufnummer 112 die Behörden informieren. Die Feuerwehr antwortet auch unter 085, unter 091 die Policía Nacional, unter 062 die Guardia Civil. Wer leichtsinnig mit Feuer hantiert, muss mit empfindlichen Bußgeldern rechnen. Wer fahrlässig oder vorsätzlich einen Waldbrand auslöst, wird mit Gefängnis bestraft.

Wasser

Wasser ist an der Levanteküste ein kostbares Gut. Leitungswasser hat oft einen hohen Chlorgehalt und ist nicht überall trinkbar. Landwirtschaft und Trinkwasserversorgung kommen in der Region nur dank jährlicher Wasserlieferungen über eigens gebaute Kanäle *(transvases)* aus nördlichen Gefilden über die Runden. An der gesamten Küste ist im Sommer mit Wassermangel zu rechnen. In der Region fällt die jährliche Niederschlagsmenge nicht selten an einem einzigen Tag. Dann gehen bei lokalen Gewittergüssen – der gefürchteten *gota fría* – binnen Stunden über 200 l/m^2 nieder. Trockene Flussläufe, niedrig gelegenes Gelände, Landstraßen und Hanglagen sind dann zu meiden.

ESSEN & TRINKEN

Meer und Land in einer Reispfanne

Die Paella ist ein Ritual valencianischer Lebensart

Bei Spanien, insbesondere bei València, denkt so mancher zuallererst an Paella. Und wundert sich dann, wenn er sie in Alacant nicht auf der Speisekarte findet. Denn die Paella heißt hier schlicht *arroz* (Reis), wird jedoch genauso in der *paellera* zubereitet, der traditionellen Reispfanne, mit Olivenöl und dem Saft der Zutaten von Gemüse über Fisch und Meeresfrüchte bis hin zu Geflügel, Fleisch und Wild. Meer und Land verschmelzen zu einem Armeleuteessen, das längst in die hohe Küche Eingang gefunden hat. Bei den *fallas* von València schmurgeln Paellas an vielen Straßenecken, und bei den *fiestas* ist es der ganze Stolz des Dorfes, was da in der riesengroßen Reispfanne gart. Im Hinterland kocht der Reis nicht in der *paellera*, sondern in der *olla de barro*, einem flachen Tontopf. Außer frischem Gemüse kommen auch Linsen *(lentejas)*, Bohnen *(judías)* und andere Hülsenfrüchte in die *olla*.

Probieren Sie in Alacant *arroz caldoset* mit feinem Speisefisch *en su punto*, auf den Punkt gegart. Guter *arroz* lässt mindestens vierzig Minuten auf sich warten. Denn so lange dauert es, wenn Reis und Zutaten gemeinsam zubereitet werden. Wird der Reis pechschwarz serviert, ist er dem Koch nicht etwa angebrannt. Dann handelt es sich um *arroz negre,* bei dem der schwarze Farbstoff von *chipirones* oder *calamares,* zwei Tintenfischarten, mitverarbeitet wurde.

Wer in Spanien auf gutes Essen aus ist, fährt am besten, wenn er folgender Grundregel folgt: Auf die Spanier ist beim Essengehen Verlass. Bevorzugen Sie deshalb Restaurants, in denen Einheimische essen, und essen Sie dann, wenn sie essen, und das, was sie essen oder was der Ober und die Tageskarte empfehlen.

An der Costa Blanca isst man siebenmal am Tag. Nach einem kleinen Frühstück mit *café* und *bollo* (süßes Teilchen) schlägt gegen 11 Uhr die Stunde eines vorgezogenen *almuerzo*. Wie die Spanier nach einem Bier oder Wein am Vormittag den Tag überstehen, weiß niemand so genau. Sicher spielt die *tapa* eine wichtige Rolle. Der kleine Happen zum Gläschen ist längst eine eigene gastronomische Sparte voller Köstlichkeiten der mediterranen Küche. Wen *caña* (ein Glas Bier) oder *copa de vino* zum zweiten Frühstück überfordern, der wartet bis zur drit-

Die Paella, Spaniens kulinarischer Klassiker, stammt aus València

Spezialitäten der Costa Blanca

Lassen Sie sich diese Köstlichkeiten gut schmecken!

albondigas – Fleischbällchen in Tomatensoße

ali-oli – Knoblauchmayonnaise, lecker beim Essen – und für die Umwelt noch am Tag danach

arroz con pollo – Reis mit Hühnchen

berenjenas rellenas – gefüllte Auberginen

boquerones – Sardellen, mariniert in Knoblauch und Olivenöl oder knusprig gebraten

café con leche – Milchkaffee (viel Milch mit etwas Kaffee, kein Kaffee mit etwas Milch!)

café cortado – Espresso mit etwas Milch

calamares en su tinta – Tintenfisch im eigenen Sud; sehr lecker, aber rein optisch nicht jedermanns Sache

chuletas de cordero – Lammkoteletts

erizos – essbare Seeigel; Saison dafür ist Januar bis März

faves sacsades – dicke Bohnen mit Spiegeleiern

flan (de naranja, de nata) – (Orangen-, Sahne-)Pudding

gazpacho – landestypische kalte Gemüsesuppe

habas a la catalana – spanische Hausmannskost, etwas gewöhnungsbedürftig: dicke Bohnen mit Wurst und Minze

huevos a la flamenca – Spiegeleier im Gemüsebett

jamón iberico – Den bestellt der Kenner und Gourmet: luftgetrockneter Schinken vom iberischen Schwein

jamón serrano – Bergschinken, luftgetrocknet

lomo de cerdo – Schweinenackensteak, fast noch besser als in deutschen Landen

mojama – getrockneter Thunfisch

marisco – Gambas und andere Meeresfrüchte

merluza al horno – im Ofen gebackener Seehecht

pastel de manzana – (oft noch warme) Apfelpastete mit Minze

sangría – spritzige Rotweinbowle mit frischem Obst und Sekt

tapas – kalte und warme »Happen«; als Zwischenmahlzeit, zum Aperitif oder auch als Hauptgericht. Besonders in Murcia nimmt man sie gern gesellig als Hauptgericht

ternera – Kalbfleisch

ESSEN & TRINKEN

ten Mahlzeit, dem *aperitivo* kurz vor dem Mittagessen. Den Appetit anzuregen, ohne ihn zu verlieren, ist jetzt die hohe Kunst.

Die *comida*, also das Mittagessen gegen 14 Uhr, kann man im Stehen bei einer Tapa-Tour zu sich nehmen, oder sitzend als klassischen *almuerzo*. Eine Mischform von beidem ist der *picoteo*: An Stelle von ganzen Gerichten bestellt man *tapas* und *raciones* für alle, um dann mit spitzen Fingern oder Gabeln von allem zu naschen. Die *comida* zieht sich zwei Stunden hin, wenn man eine gemütliche *sobremesa* – Beisammensitzen beim *café* – der *siesta* vorzieht, dem sprichwörtlichen Mittagsschläfchen. Wo Spanier zu Mittag essen, wird meist ein Menü angeboten. Schon ab 8 Euro bekommt man Vorspeise, Hauptgericht und Nachtisch oder *café* mit Hauswein und Brot inklusive, und man hat dabei die freie Wahl zwischen mehreren Angeboten.

Eine besondere Station des Tages ist die *merienda* am Nachmittag. Zum Kaffee kitzelt süßes Naschwerk den Gaumen, wie zur Weihnachtszeit die *turrones,* ein köstliches Mandel-Nougat-Gebäck. Wenn's heiß ist, ist *horchata* ein ideales *merienda*-Getränk. Dieses aus Erdmandeln *(chufas)* hergestellte Labsal muss kalt getrunken werden, dann entfaltet es bei leicht sandiger Konsistenz sein Aroma. Ob man sich zur *cena* gegen 22 Uhr hinsetzt oder sein Abendessen in bester Tapa-Tradition stehenden Fußes zu sich nimmt, bleibt jedem selbst überlassen. Für Mägen, die vor dem Schlafengehen knurren, haben die Valencianos den *resopón* erfunden: noch mal zu Abend essen.

Im *chiringuito*, der Strandbar, stärkt man sich, wenn der Hunger am Strand auftritt. Hier sind gegrillte Sardinen oder Meeresfrüchte angesagt. An der Costa Blanca bringt man die köstlichsten Krustentiere auf das *plancha*-Blech: *langostinos, cigalas, langostas* und in besseren Restaurants *gambas* aus Dénia, die trotz ihres Preises zur Sucht werden können, ebenso wie die seltenen *langostinos* aus dem Mar Menor.

Während in Nordspanien hervorragendes Rindfleisch produziert wird, kaut sich das aus der Region etwas schwer. Wurstwaren sind mit Kräutern aus den Sierras herrlich gewürzt, etwa die körnige Streichwurst *sobrasada,* ferner *longanizas* und *morcillas*. Bei *quesos,* der Käseauswahl, greift man zu Schafskäse aus der Mancha oder zu *cabrales* aus Asturien, der unglaublich aromatisch ist und mit Schärfe den Gaumen erobert. Wirklich guter Schinken *(jamón)* kommt aus Andalusien und aus der Extremadura. *Jamón serrano* heißt alles, was gepökelt wurde. Hinter der Bezeichnung *jamón ibérico* verbirgt sich luftgetrockneter Schinken von »iberischen« Schweinen.

Auf über 120 000 Hektar wird in der Region Wein angebaut, mit insgesamt sechs Herkunftsbezeichnungen *(D. O., denominación de origen)*. Die jungen, frisch-fruchtigen Weißweine aus der D. O. Valèncía schmecken ausgezeichnet zu Meeresgetier, die vollsüßen *moscatels* zum Dessert. Inzwischen lässt man zunehmend rote *tintos* in Eichenfässern reifen. Auf die dunkle, ausgewogene Monastrelltraube setzt man im murcianischen Jumilla, wo im August ein viel besuchtes Weinfest gefeiert wird, ebenso wie in Yecla und in Bullas, wo neben Roséwein zunehmend bessere Rotweine abgefüllt werden.

EINKAUFEN

Für die Seide kam jede Hilfe zu spät

Dank einer 3000-jährigen Tradition braucht man an der Costa Blanca keinen Ramsch zu kaufen

Dass Touristen nur Ramsch kaufen und durch diese Nachfrage zum Niedergang regionaler Eigenheiten beitragen, trifft auf die Costa Blanca nicht zu. In Coy und La Paca etwa werden bis heute und in großem Maßstab *jarapas* hergestellt, weil Touristen diese traditionellen farbenfrohen Webteppiche aus Baumwolle heiß begehren. Vielleicht kamen sie zwei Jahrzehnte zu spät, die engagierten *residentes* aus Nordeuropa ebenso wie Aussteiger aus Spanien mit Begeisterung für lokale Traditionen: Die Seidenindustrie von Murcia und València ist heute ausgestorben. Doch das Schicksal der Seidenraupe ist eher eine Ausnahme. In vielen Orten hat nicht zuletzt das Engagement von »Zugereisten« zum Erhalt alter Bräuche beigetragen. In Agost unterstützt eine deutsche Bewohnerin die Töpfer mit einem Museum darin, überlieferte Methoden zu pflegen.

Oft haben örtliche *fiestas* kunsthandwerkliche Fertigkeiten am Leben erhalten. So werden in Agost traditionelle Tonpfeifen gebrannt, weil damit am Ostersonntag in Alcoi lärmend die Auferstehung Christi gefeiert wird. Weil man für die *Fiestas de Moros y Cristianos* Pulvergewehre braucht, stellt man in Alcoi auch Donnerbüchsen her. Ein durch und durch arabisches Erbe ist die Zuckerbäckerei. Kurioserweise sind es oft Schwesternorden wie in Orihuela, bei denen man die süßesten Genüsse wie etwa *pella* und *polvorón* erstehen kann. Das klassische Weihnachtsgebäck *turrón* hat seine Hochburg in Jijona. *Alpargatas* für die Füße und anderes Flechtwerk aus Espartogras werden besonders im murcianischen Ceheguín gefertigt. Flechtwerk aus gebleichten Palmwedeln sollte man nur in Elx (Elche) kaufen, Seidenstickerei in Lorca und Caravaca de la Cruz. Zentren für Kunsthandwerk bieten vielerorts ausgesuchte Produkte aus heimischer Produktion. Wunderbare Korbwaren bekommt man in Gata de Gorgos **[121 F4]**. Versäumen Sie nicht, die lohnenswerten Trödelmärkte *(rastros)* zu besuchen. Stöbern Sie nach Antiquitäten! Die schönsten *rastros* finden wöchentlich in Benidorm *(So)*, Benissa *(Mo)*, Calp *(Mi)*, Dénia *(Fr)*, Guardamar *(So)*, Xaló *(Sa)* und Teulada *(So)* statt.

Insider Tipp

Süßes Mitbringsel: Mandeln, Honig und Nougat werden für die Herstellung von »turrón« benötigt

Feste, Events und mehr

Mit der den Spaniern eigenen Freude am Feiern begehen sie ihre Fiestas

Egal, ob es die zu Volksfesten gewordenen *romerías* oder die prächtigen ★ *Fiestas de Moros y Cristianos*, die zur Erinnerung an

Moros y Cristianos in Aktion

die Reconquista das ganze Jahr über immer gerade irgendwo stattfinden, die *fallas* oder die *hogueras* sind: Gefeiert wird ausgiebig, und Böllerschüsse und Feuerwerk fehlen dabei nie – ebensowenig wie die öffentlich zubereitete Riesen-Paella und ausreichend Wein.

Offizielle Feiertage

1. Jan.: *Año Nuevo*, Neujahr; **6. Jan.:** *Epifanía del Señor*, Erscheinungsfest; **19. März:** *San José*, Josephstag (nur in València); **März/April:** *Jueves Santo*, Gründonnerstag (nur in Murcia), *Viernes Santo*, Karfreitag, *Lunes de Pascua*, Ostermontag (nur in València); **1. Mai:** *Día del Trabajo*, Tag der Arbeit; **Mai/Juni:** *Corpus Christi*, Fronleichnam (gefeiert am darauf folgenden So); **9. Juni:** *Día de la Región de Murcia*; **15. Aug.:** *Asunción de la Virgen*, Mariä Himmelfahrt; **9. Okt.:** *Día de la Comunidad Valenciana*; **12. Okt.:** *Día de la Hispanidad*, Tag der Entdeckung Amerikas; **1. Nov.:** *Todos los Santos*, Allerheiligen; **6. Dez.:** *Día de la Constitución Española*, Verfassungstag; **8. Dez.:** *Inmaculada Concepción*, Mariä Empfängnis; **25. Dez.:** *Navidad*, Weihnachten

Feste und Veranstaltungen

Januar
Hoch zu Ross, in den Hafenstädten per Boot kommen die Hl. Drei Könige.

Februar
Fiesta de Moros y Cristianos am 1. in Sax, am 2. Wochenende in Jijona. Am letzten Fr vor der Fastenzeit beginnen die *carnestolte*, der Karneval; Hochburgen: Alacant, Benidorm, Torrevieja.

März

★ Am 12. werden in València, Benidorm, Dénia, Calp, Pego und Gandia *fallas* (satirische Riesen aus Holz und Pappe) aufgestellt und am 19. (Josephstag) verbrannt.

März/April

In Mula ist die Nacht auf Mittwoch in der Karwoche die **Noche de los tambores**. [Insider Tipp] Schweigend und oftmals barfuß begleitet man in Elx, Benidorm, Alacant, València und Murcia die Prozessionen zum Gründonnerstag.

April

Vom 21. bis 24. feiert Alcoi seine **Fiesta de Moros y Cristianos**, [Insider Tipp] vom 22. bis 25. Bañares.

Mai

Caravaca de la Cruz feiert (1.–3.) mit geschmückten Pferden ★ *Los Caballos del Vino*.

Juni

Johannisfeuer in der Nacht zum 24. an den Stränden von València, Benidorm, Calp. In Alacant brennen *hogueras,* Figuren aus Holz und Pappe.

Juli

In Dénia *fiestas mayores*. Beim *Bous a la Mar* gehen Jungstiere und Verfolger baden. Am 16. in Benidorm Schiffsprozessionen zu Ehren der *Virgen del Carmen,* der Schutzpatronin der Fischer.

August

Fiesta mayor in Elx; den Abschluss bildet am 15. das mittelalterliche *Misteri d'Elx*. Zweite Monatshälfte *Fiesta de Ika Vendimia* (Weinfest) in Jumilla. Junge Leute aus aller Welt pilgern an einem Wochenende zum *Rockfestival* in Benicàssim *(www.festival-benicassim.org)*. In València treffen sich junge Computerfreaks zur *Campus Party (www.campus-party. org)*. Letztes Wochenende ★ *Tomatita* in Buñol, eine gigantische Tomatenschlacht.

Oktober

Am ersten Wochenende *fiestas* zu Ehren der *Virgen del Rosario* in Guardamar, Torrevieja und Petrer.

Dezember

Onil feiert Heiligabend mit Fackeln und Feuer bei der *Rodà de Fachos*. »Aprilscherze« macht man am 28., *Día de los Santos Inocentes,* dem Tag der unschuldigen Kinder. An Heiligabend Volkstänze in den Straßen.

Fallas gehen in Flammen auf

VALÈNCIA/COSTA DEL AZAHAR

Wo die Orangen blüh'n

Sagenumwobene Städte, endlose Strände, Reisfelder, Burgen und Gebirge

Ein Duft tauft den nördlichen Teil der Costa Blanca jedes Jahr aufs Neue: die *Costa del Azahar*, die »Orangenblütenküste«. Im Frühjahr erfüllt das Blütenmeer den fruchtbaren Küstenstreifen von Castelló bis hinab nach Gandia mit seinem Aroma. Doch nicht in den fruchtbaren Niederungen begann das Leben an der Costa del Azahar, sondern in den Sierras, die sich landeinwärts bis über 1800 m hoch auftürmen. In zahlreichen *cuevas* zeugen Höhlenmalereien von frühen iberischen Kulturen, die um 500 v. Chr. in Nachbarschaft der Phönizier an der Küste erblühten und mit dem heftig umkämpften Sagunt untergingen.

Müßiggang am Strand bei Sagunt

Drei Jahrtausende haben die Küste zu dem duftenden Garten von heute gemacht: Wo einst endlose Sümpfe waren, legten die Araber mit dem Reisanbau den Grund für die valencianische Küche. Zwischen den Ruinen römischer Aquädukte, maurischer und christlicher Burgen reift in den Sierras Wein, den die Römer in diesen Garten brachten. Hier bleibt kein Tropfen Wasser ungenutzt. Längst hat der Tourismus die langen Sandstrände der Orangenblütenküste erobert. Was Valencianos und andere Spanier an der Levanteküste tun, nennt man *veraneo*: die Kunst, diesen Garten zu genießen. Wem es zu heiß wird, der zieht sich in die Sierras zurück, hinter denen die schönsten Städte der Mancha und Aragoniens warten.

València entfaltet urbane Pracht

COSTA DEL AZAHAR

[117 D–F 6–1] Von Sagunt bis hinauf zu den lebhaften Fischerstädten Vinaròs und Benicarló erstrecken sich die Strände und Klippen der Costa del Azahar. Hier holt man frische *langostas* und *mejillones*, *salmonetes* und *doradas* aus dem Meer, das weitgehend sauber und tiefblau ist. Da die Gegend zweieinhalb Jahrtausende lang Grenzland zwischen Spaniens Königreichen, zwischen Christen und Mauren, Römern und

Costa del Azahar

Fangflotte im Fischereihafen von Benicarló

Karthagern, Iberern und Griechen war, haben die Menschen hier Gelassenheit entwickelt. Alte Küstenfestungen ruhen im türkisfarbenen Meer, und von den Klippen aus betrachtet erscheinen die Strandhotels von Benicàssim kaum weniger malerisch. Statt Bollwerke gegen Piraten legt man heute palmengesäumte *paseos marítimos* an und baut Meeresbalkone in die sanfte Brandung.

ZIELE AN DER COSTA DEL AZAHAR

Castelló (Castellón) de la Plana [117 E4]

Wale suchen die Gewässer um die *Islas Columbretes* von Januar bis Juni zur Paarung auf. Ohne Erlaubnis darf man bei der 30 Seemeilen vor Castelló liegenden Inselgruppe nicht ankern. Das Umweltministerium *(C/. Herrero, 23, Castelló, Tel. 964 35 80 00)* vergibt Genehmigungen und fährt die Inseln an. *Buenaventura del Mar* fährt ab Vinaròs zum *Whalewatching (Tel. 964 45 58 61, www.columbretes.com)*.

Die Provinzhauptstadt *Castelló de la Plana* (140 000 Ew.) liegt zwischen der fruchtbaren Ebene La Plana und dem Meer. Die Stadt wächst rund um ihre *Plaza Mayor;* der frei stehende, achteckige, 58 m hohe Glockenturm der Kathedrale *El Fadri* markiert seit 1590 die Mitte. An mehreren Stellen hat man in den letzten Jahren daran gebaut, die Stadt unter dem Slogan »Castelló Cultural« aufzuwerten. Außer dem Kongress- und Musikpalast entstand mit dem modernen *Museo de Bellas Artes, Arqueología y Etnología* ein neues Museum, das multimedial Kunst und Kultur aus der Gegenwart bis in die Vorzeit zurückverfolgt *(Avda. Hermanos Bou, 28, Di bis Sa 10–20, So 10–14 Uhr, Eintritt 2,10 Euro)*. Das *Espai d'Art (C/. Prim, Di–So 11–20 Uhr)* ist eine Adresse für Liebhaber von Gegenwartskunst. Im malerischen, 24 km entfernten *Vilafamés* zeigt das ==Museo de Arte Contemporáneo== Avantgardekunst. *(C/. Diputación, 20, tgl. 10–13, 16–18.30, im Sommer bis 20 Uhr)*. Auskunft: *Oficina de Turismo, Pl. María Agustina, 5, Tel. 964 35 86 88, Fax 964 35 68 89, www.castellonturismo.com*

Zahlreiche *chiringuitos* und Restaurants bringen am Hafen *El Grau*, 4 km vor der Stadt, Fangfrisches auf

VALÈNCIA/COSTA DEL AZAHAR

den Teller. Die *Tasca del Puerto (Avda. del Puerto, 13, Tel. 964 28 44 81, So abends, im Winter auch Mo geschl., €€)* ist eine Hochburg valencianischer Küche. Eine Alternative zu den Campingplätzen ist das Hotel *NH Mindoro (105 Zi., C/. Moyano, 4, Tel. 964 22 23 00, Fax 964 23 31 54, €€)*. Unter den Höhlen am Rand der Plana sind die **Coves de Sant Josep** mit ihrem 2,5 km langen unterirdischen See besonders aufregend *(La Vall d'Uixó, tgl. 11 bis 13.15, 15.30–17, im Sommer bis 20 Uhr, Eintritt 6,50 Euro, www.riosubterraneo.com)*.

Insider Tipp

Morella [117 D1]

★ El Maestrazgo verdankt seinen Namen den Rittern des Montesa-Ordens, *maestres* genannt, die nach der Reconquista die unzugänglichen Sierras zwischen València und Aragonien bewachten. Wie schwer sie es dabei hatten, kann man auf der kurvigen Carretera 323 nach *Morella* (2700 Ew.) nachempfinden. 1004 m ü.d.M. erhebt sich die Stadt hinter einer 2,5 km langen Mauer aus dem 14. Jh. mit sechs mächtigen Toren. Über ihr thront auf einem Bergkegel die Ruine der Burg *(tgl. 10.30–18.30 Uhr)*. Die *Basílica de Santa María la Mayor* aus dem 13. Jh. *(tgl. 11–14, 16–18 Uhr)* ist der schönste Bau der Gotik weit und breit. In der C/. Virgen zeigt ein Azulejo-Bild an der *Casa Rovina* das Wunder, das St. Vinzenz Ferrer hier 1414 gewirkt haben soll: Nach der Legende hatte eine Frau dem Gast mangels Fleisches ihren eigenen Sohn aufgetischt. Doch Vinzenz setzte den Knaben unversehrt zusammen; nur ein Finger ging beim Abschmecken

---

MARCO POLO **Highlights**
»**València/Costa del Azahar**«

★ **Micalet**
Wahrzeichen Valèncias und Ausguck auf die Huerta (Seite 37)

★ **Convento de Santo Domingo**
València: mediterrane Gotik vom Feinsten (Seite 36)

★ **Ciudad de las Artes y las Ciencias**
Wissenschaft in futuristischer Architektur (Seite 35)

★ **Golfplatz von El Saler**
Der beste Campo an der Costa (Seite 41)

★ **La Lonja de la Seda**
Valèncias gotische »Kathedrale« für Seiden- und andere Händler (Seite 35)

★ **Morella**
Eine der schönsten Städte im Hinterland der Costa del Azahar (Seite 29)

★ **Teruel**
Maurisches Erbe: Zentrum des Mudéjar-Stils (Seite 31)

★ **Cuenca**
Die Stadt am Rand der Mancha hat ihr historisches Zentrum bewahrt (Seite 32)

Costa del Azahar

verloren. Sehenswert sind auch die Ausstellungen über Dinosaurier in der *Torre Sant Miquel*, zur Geschichte in der *Torre de la Nevera* und die Fotogalerie in der *Torre Beneito (alle tgl. 11–14, 16–19 Uhr, Torre Sant Miquel Mo geschl., Eintritt je 1,80 Euro).*

Spezialitäten der Gegend sind Honig *(miel)* und Käse *(queso del Tronchón)*. Decken *(mantas de Morella)* und andere Handwerksartikel kann man in der C/. Plaza und der C/. Virgen erstehen. Das große Fest der Stadt ist alle sechs Jahre die *Fiesta El Sexenni* zu Ehren der *Virgen de Vallivana*, die 2006 wieder ansteht *(Auskunft: Oficina de Turismo, Pl. San Miguel, Tel. 964 17 30 32, www.morella.net)*. In einem gotischen Adelspalast ist das *Hotel Cardenal Ram (19 Zi., Cuesta Suñer, 1, Tel. 964 17 30 85, Fax 964 17 32 18, €€)* untergebracht. An der Straße nach *Zorita* liegt bei km 4,5 die einstige *Fábrica de Giner*, heute ein stilvolles Hotel *(24 Zi., Tel. 964 17 31 42, Fax 964 17 31 97, €€)*.

Im *Palau dels Osset* im 10 km westlich von Morella gelegenen *Forcall (20 Zi., Pl. Mayor, 16, Tel. 964 17 75 24, Fax 964 17 75 56, €)* sind Denkmalschutz und Komfort eins geworden. An der monumentalen Plaza der kleinen Stadt (570 Ew.) trägt das Restaurant *Mesón de la Villa (Nr. 6, Tel. 964 17 11 25, Mo, im Winter auch So abends geschl., €)* dazu bei, Forcall zum Geheimtipp für Genießer zu machen.

Peníscola [117 F2]

Kurioserweise hat der mittelalterliche Held El Cid die Meeresfestung Peníscola (4700 Ew.) bis 1961 geprägt: Als hier der berühmte Hollywoodstreifen gedreht wurde, zog man die heute höchsten Mauern des *Castell del Papa Luna* als Kulisse hoch. Von der *Atalaya* überblickt man aus 70 m Höhe den Fischerhafen und die verwinkelte Altstadt. Nur *El Bufador* verbindet den Felsen mit dem Festland und den Stränden. Dank zahlreicher Bars, Pubs, Diskos und Terrassenlo-

Wehrhafter Brückenkopf im Mittelmeer: Peníscola

VALÈNCIA/COSTA DEL AZAHAR

kale würde man auf der Festung heute jede Belagerung überstehen. Die südlich gelegenen Strände sollte man meiden. Die bis ans Meer reichende Stadtmauer stammt aus den Zeiten Philipps II. Im *Castell* lebte neun Jahre lang Gegenpapst Benedikt XIII., Pedro de Luna. Seine Gemächer sind zu besichtigen *(C/. Castillo, tgl. 9.30–13, 16–18, im Sommer bis 20.30 Uhr)*. Im *Museo del Mar (C/. Príncipe, s/n)* erfährt man alles über Seefahrt und Riesenmuscheln. *Auskunft: Oficina de Turismo, Paseo Marítimo, s/n, Tel. 964 48 02 08, Fax 964 48 93 92*

Reisgerichte mit Frischem aus dem Meer bietet ☼ *Casa Jaime (Avda. Papa Luna, 5, Tel. 964 48 00 30, Mi und im Winter So abends geschl., €€)*. Preis, Blick und Küche stimmen im ☼ *Hotel Benedicto XIII (30 Zi., C/ Dinamarca, 2, Urb. Las Atalayas, Tel. 964 48 08 01, Fax 964 48 95 23, Okt. bis März geschl., €–€€)*.

Teruel: Turm im Mudéjar-Stil

Teruel [116 A2–3]

★ Die Hauptstadt der aragonesischen Provinz Teruel (31 000 Ew.) ist auch die Hauptstadt des Mudéjar-Stils, der ab dem 12. Jh. maurische Formen aufgriff. 1986 hat die Unesco die vier Mudéjar-Türme (in dieser Reihenfolge ein unvergesslicher Spaziergang) *Torre de la Catedral, Torre de San Martín, Torre del Salvador* und *Torre de San Pedro* sowie die zu Letzterem gehörende Kirche *San Pedro* (14. Jh.) und die Täfelung in der Kathedrale *Santa María* zum Welterbe erklärt. In der *Capilla de los Amantes (tgl. 10–14, 17–19.30 Uhr)* der *Iglesia de San Pedro* ruhen in barocken Marmorsarkophagen *Los Amantes de Teruel*, die »Liebenden von Teruel«: Sie aus gutem Hause, er arm, konnten beide nach der Überlieferung im 13. Jh. zusammen nicht kommen. Im September finden sich zur *Feria del Jamón* Schinkenproduzenten aus ganz Spanien ein.

Auskunft: Oficina de Turismo, C/. Tomás Nougués, 1, Tel. 978 60 22 79, www.dpteruel.es.

Zum Übernachten lohnt der Weg ins 35 km entfernte *Albarracín* (1080 Ew.) **[115 F3]**. Im Zentrum liegt das anmutige Hotel *Casa de Santiago (9 Zi., Subida a las Torres, 11, Tel. 978 70 03 16, Fax 969 78 71 01 41, www.casadesantiago.net, €)*. Die Sakristei der Kathedrale zeigt Brüsseler Wandteppiche. Eine Stadtmauer (11. Jh.) zieht sich zur ☼ *Burg* hinauf. In der *C/. Azagra, 19* findet man bei *Jarreta García* Kunsthandwerk aus Schmiedeeisen und Keramik.

CUENCA

CUENCA

[115 D4] ★ Am Rande der zentralspanischen Hochebene der Mancha hängt Cuenca (45 800 Ew.) förmlich an den Felsen der Ausläufer der Serranía de Cuenca – ein romantisches Mittelgebirge, das mit den kuriosen Kalksteinformationen der *Ciudad Encantada* (»verzauberte Stadt«) und Quellen wie der des Río Cuervo zu Ausflügen lockt. Die Stadt selbst erlangte unter arabischer Herrschaft Bedeutung als Festungsstadt über den Schluchten des Río Júcar und des Río Huécar. Nach der Eroberung 1177 durch Alfons VIII. schob Cuenca seine »hängenden Häuser« *(casas colgadas)* bis auf den letzten Felsen vor. Die Altstadt, seit 1996 Unesco-Kulturgut, ist ein lebendiges Pflaster.

»Hängende Häuser« in Cuenca

SEHENSWERTES & MUSEEN

Die Fußgängerbrücke ❊ *Puente San Pablo* führt über die *Hoz del Huécar* in die Altstadt. Erstes »hängendes Haus« ist das ❊ **Museo de Arte abstracto** *(C/. Canónigos, s/n, Di–So 11–14, Di–Fr 16–18, Sa 16 bis 20 Uhr, Eintritt 3 Euro)*, eine vorzügliche Sammlung spanischer Kunst des 20. Jhs. In der *C/. Obispo Vallero, 2* liegt das *Museo Diocesano (Di–Sa 11–14, 17–19, So 11 bis 14 Uhr, Eintritt 1,80 Euro)*. Bergan erreicht man die *Pl. Mayor*, deren Westseite das Portal der *Kathedrale* im Stil der normannischen Gotik beherrscht. Durch die barocken Torbogen des *Ayuntamiento* kommt man zur ❊ *Torre de Mangana*, einst Wachturm der maurischen Burg. Es schließt sich das moderne *Museo de las Ciencias* mit Planetarium an *(Pl. Merced, s/n, Di–Sa 10–14, 16–19, So 10–14 Uhr)*. Die *Pl. Mayor* aufwärts, gelangt man durch einen Torbogen von der *C/. S. Catalina* hinab zu der im romanischen und im Mudéjar-Stil erbauten ❊ *Iglesia de San Miguel* über der Schlucht des Río Júcar. Über der Altstadt thronen Reste der ❊ *Burg*.

ESSEN & TRINKEN

Im Herbst gibt es in jeder Tapa-Bar **níscalos**, schmackhafte Pilze aus der Serranía. Spezialitäten sind *perdiz* (Rebhuhn), *trucha escabechada* (eingelegte Forelle) und Wild- und Schweineleberpaste *morteruelo*.

Mesón Bar Tabanqueta

❊ Hier essen die Einheimischen oder umlagern die Bar mit Blick

VALÈNCIA/COSTA DEL AZAHAR

über den Río Júcar. *C/. Trabuco, 13, Tel. 969 21 12 90, tgl.,* €

Mesón Casas Colgadas
\\|/ Gute regionale Küche, mit Traumblick auf »hängende Häuser«. *C/. Canónigos, 3, Tel. 969 22 35 52, Mo abends geschl.,* €€

Restaurante San Nicolás
Bekannt für seine Wildspezialitäten. *C/. San Pedro, 15, Tel. 969 24 05 19, Mo geschl.,* €€

EINKAUFEN

Einen eigenen Töpfereistil pflegen *Adrián Navarro (C/. Pilares, 7, Ecke Pl. Mayor)* und die *Alfarería de Luis de Castillo (Pl. Mayor, 11).* Die *Asociación de Artesanos (Iglesia de Santa Cruz, C/. Santa Catalina, s/n, So abends und Mo geschl.)* hat eine ständige Verkaufsausstellung.

ÜBERNACHTEN

Camping Caravaning Cuenca
Stützpunkt in der Schlucht des Júcar. *680 Plätze, Ctra. Cuenca–Tragacete, km 8, Tel. 969 23 16 56, geöffnet 15. März–15. Dez.*

Leonor de Aquitania
Mittelalterliches Stadthaus, gediegenes Interieur, \\|/ einige Zimmer mit Blick über den Río Huécar. *49 Zi., C/. San Pedro, 58, Tel. 969 23 10 00, Fax 969 23 10 04, www.leonordeaquitania.com,* €€

Parador de Cuenca
\\|/ Das 1994 in dem ehemaligen Kloster San Pablo aus dem 16. Jh. eröffnete Edelquartier bietet stilvollen Luxus, Schwimmbad, Tennis, Sauna – und einen tollen Blick auf die *casas colgadas*. *62 Zi., Hoz del Huécar, s/n, Tel. 969 23 23 20, Fax 969 23 25 34,* €€€

Posada de San José *Insider Tipp*
\\|/ 🏃 Das heimliche Herz der Stadt, in einem »hängenden Haus« aus dem 17. Jh., schlicht, aber stilvoll. *30 Zi., C/. J. Romero, 4, Tel. 969 21 13 00, Fax 969 23 53 65, www.posadadesanjose.com,* €€

AUSKUNFT

Oficina de Turismo
Pl. Mayor, 1, Anteplaza (Vorplatz), Tel. 969 23 21 19, tgl. 9.30–14, 16 bis 19 Uhr, www.cuenca.org

---

Kirchenmusik

Cuencas Festival geistlicher Musik

Ein Höhepunkt im kulturellen Leben Cuencas ist die alljährliche *Semana de la Música Religiosa*. Dieses anspruchsvolle Festival der geistlichen Musik bietet seit Mitte der 1960er-Jahre in der Karwoche Musik mit religiöser Thematik aus allen Gegenden des Globus. Das neue Auditorium und die schönsten Kirchen von Cuenca werden zum Konzertsaal. *Festivalleitung: Apartado 97, 16002 Cuenca, Tel./Fax 969 23 27 97, www.citelan.es/semana_musica_religiosa_cuenca*

VALÈNCIA

VALÈNCIA

 Karte in der hinteren Umschlagklappe

[121 D1] Was València (740 000 Ew.) heute ist, hat die Stadt am Turia ihm zu verdanken: Santiago Calatrava, Architekt – einer, der Städten von heute ihr Gesicht für die Zukunft gibt. Der Erste, der für New Yorks Ground Zero einen Auftrag bekam und der dort, wo 2001 die Türme des World Trade Centers in sich zusammenstürzten, einen neuen Verkehrsknotenpunkt bauen wird. València heute – das ist Calatrava. Und wer mit Kindern die spanische »Hanse«-Stadt besucht, wird Lonja und Micalet erstmal warten lassen und zuerst die futuristische *Ciudad de las Artes y las Ciencias* (»Stadt der Künste und der Wissenschaften«) aufsuchen, mit der Spaniens Stararchitekt València in der Welt einen Namen gemacht hat: ein architektonisches Ensemble ersten Ranges und seit der Eröffnung des größten ozeanografischen Zoos in Europa (der allerdings von Félix Candela stammt) für jede Altersgruppe *die* Attraktion in València.

Wie die Zeiten sich ändern: Mit Respekt nannten die Bewohner der drittgrößten Stadt Spaniens diese die »Stadt am Turia«. Früher floss der unscheinbare Fluss dort entlang, wo heute die *Ciudad de las Artes y las Ciencias* aufragt. Im Schnitt sechsmal in hundert Jahren trat der beschauliche Turia aus seinem Bett und riss Mensch und Gut mit sich. Die Mauren nannten die 718 von den Westgoten kampflos übernommene Stadt »Stadt des Schlamms«. 1960 wurde der Río Turia umgeleitet und in seinem alten Bett ein weitläufiger Park angelegt. Hier entstanden Valèncias wichtigste Kultur- und Museumsbauten und 1998 die ersten Gebäude der futuristischen »Stadt der Künste und der Wissenschaften«. Der unberechenbare Turia prägte València mehr als das Meer. In seinem Delta drängte sich die 138 v. Chr. von den Römern gegründete Stadt hinter einem Mauerring zusammen, auf dem 1099 Rodrigo Díaz de Vivar, genannt *El Cid*, im Kampf gegen die arabischen Belagerer fiel.

Längst hat València seinen Mauergürtel gesprengt. Heute befindet sich hier einer der wichtigsten Häfen am Mittelmeer. Doch eine Hafenstadt war València nie, nicht einmal eine Küstenstadt; der Strand wurde erst im 19. Jh. als Ausflugsziel entdeckt. València ist ein Zentrum moderner Fertigungsindustrie, jedoch keine Industriestadt. Die Valencianer verstehen ihren Wohlstand zu genießen und lassen es bei den *fallas* zu Ehren des hl. Joseph rauchen und krachen.

SEHENSWERTES

Barrio del Mercat
Über die *Pl. de la Reina* südlich der Kathedrale, vorbei am achteckigen Barockturm der *Iglesia de Santa Catalina*, gelangt man in das València der Händler und Marktleute. Auf der Plaza Redonda wurden Mitte des 19. Jhs. Straßenhändler und Handwerker angesiedelt; hier bekommt man alles für den Haushalt (am Sonntagmorgen Haustiermarkt). Das Viertel beherrscht der vom Jugendstil angehauchte *Mercado Central (Pl. Mercado, Mo–Sa)*. Die mit Azulejos verzierte Halle (1928) ist einer der größten Märkte Europas.

VALÈNCIA/COSTA DEL AZAHAR

La Lonja de la Seda – die Seidenbörse von València

Mit welchem Genuss, aber auch Ernst in València gehandelt wurde, drückt das im spätgotischen Flamboyantstil 1483 begonnene Gebäude der Seidenbörse an der *Pl. Mercado* aus, ★ *La Lonja de la Seda*, seit 1998 Unesco-Weltkulturerbe. Heute führen zwischen den acht gewundenen Säulen im Börsensaal Models Mode vor, tauschen Sammler Briefmarken, wird Gästen der Regierung feierlich die Hand geschüttelt. Unter seinen Sterngewölben in 17,4 m Höhe zieht sich die Inschrift entlang: »Ein berühmtes Haus bin ich, in 15 Jahren erbaut. Mitbürger, seht, wie gut der Handel ist, der nicht mit Worten betrügt, der auf den anderen hält und ihn nicht fallen lässt, der sein Geld nicht zu Wucherzins leiht. Der Händler, der so lebt, wird mit Reichtum überhäuft und genießt zuletzt das ewige Leben.« Wer sich nicht daran hielt, landete im ☼ Turm (heute mit Aussichtsterrasse). *Pl. Mercado, s/n, Di–Do 10–14, 16–18, Fr 10 bis 15, 17–18 Uhr*

Ciudad de las Artes y las Ciencias

★ Die »Stadt der Künste und der Wissenschaften« liegt im ehemaligen Flussbett des Río Turia und ist das neue Wahrzeichen Valèncias. Dimensionen und Architektur des von Santiago Calatrava und Félix Candela entworfenen Komplexes sind überwältigend. Das *L'Oceanogràfic* führt die Besucher durch Glastunnel ins Reich der Weltmeere und bringt sie auf Tuchfühlung mit Haien und Robben. Weitere Highlights sind das *Cine Planetario L'Hemisfèric y Museu* (Planetarium, Hemisphärenkino und Museum) sowie das *Museu de Les Ciències »Principe Felipe«* (Wissenschaftsmuseum) zum Staunen und Anfassen. Das Hemisphärenkino verfügt über einen halbkugelförmigen Bildschirm von 900 m^2 Fläche. Zu den Programmen gehören 3-D-Filme und Projektionen von Weltraumfahrten. *Museen tgl. 10–20, Sa bis 21 Uhr; Oceanogràfic tgl. 10–18, Einlass bis 17 Uhr; Sa/So bis 20 (19) Uhr; He-*

VALÈNCIA

misfèric Vorführungen stdl. 11–21 Uhr; Zwei-Tages-Pass, mit dem jedes Element einmal besucht werden kann, 26 Euro; Einzelpreise: Hemisfèric/Museo de las Ciencias: 9 Euro; Oceanogràfic 19,80 Euro; Tel. 902 10 00 13, www.cac.es

Ciutat Vella
Der 1865 begonnene Abriss der Stadtmauer verschonte nur zwei Tore: im Norden die 1392 errichteten ↙↗ Zwillingstürme der *Puerta de Serranos* und im Westen der Altstadt die *Torres de Quart (C/. Guillem de Castro)* aus dem 15. Jh. Seither hat die Ciutat Vella viel von ihrer Geschlossenheit verloren. Doch im Dreieck zwischen den *Torres de Serranos*, der *Pl. de la Reina* und der *Pl. Tetuán* lohnt der Bummel durch die Gassen. Lag hier auch das Zentrum des römischen und des maurischen València, so stößt man heute vorwiegend auf gotische Architektur, etwa an der ==Plaza de Manises== mit dem *Palacio de Jáudenes* und dem *Palacio de los Scala,* dessen spätgotisches Inneres wechselnde Ausstellungen zeigt *(Mo–Fr 8–15, 16–19 Uhr)*. An der *Pl. San Lorenzo* zeugt der *Palacio de Benicarló (Mo–Fr 10–14 Uhr nach Voranmeldung: Tel. 963 87 61 00)* vom Übergang zur Renaissance.

Das östliche, einst jüdische *Barrio de la Xerea* war nach der Reconquista das Viertel der Kirchen, Klöster und Konvente. Die *Iglesia de San Juan del Hospital* aus dem 13. Jh. ist eine Gründung des Malteserordens *(C/. Trinquete de Caballeros, 5)*. 1238 wurde als eine der ersten Pfarrkirchen die *Iglesia de San Esteban* an der Stelle einer Moschee errichtet und im 17. Jh. dem Zeitgeschmack angepasst. An der *Pl. Tetuán* liegt der ★ *Convento de Santo Domingo*. Das Sterngewölbe der *Capilla Real* ist eines der schönsten Werke der mediterranen Gotik. In den Klöstern wohnten Valèncias Heilige: St. Vinzenz (Vicente) Ferrer und St. Ludwig (Luis) Bertrán *(Pl. Tetuán, 9, tgl. 8–14 Uhr, Anmeldung für Gruppen unter Tel. 961 69 30 00-31 50 oder 30 38)*.

Estación del Norte mit Umgebung
Der Nordbahnhof *(Estación del Norte)* südlich der Altstadt wurde 1917 im Jugendstil fertig gestellt. Daneben erhebt sich die klassizistische Stierkampfarena, die *Plaza de Toros* (1860), die mit ihren Rundbogengalerien das Kolosseum von Rom zitiert. Davor liegt das geschäftige *Barrio de Sant Francesc*. Der Name des Viertels rührt von einem Franziskanerkloster her, an dessen Stelle heute das *Rathaus* steht, ein Prachtbau aus dem frühen 20. Jh. mit zwei für València typischen Keramikkuppeln. Der *Carillón* der Rathausuhr spielt zur vollen Stunde die Regionalhymne.

Die klassizistische *Universität* erhielt um 1839 ihre heutige Gestalt. Ihre Bibliothek besitzt das erste in Spanien gedruckte Buch *(C/. Universidad, 2, Di–Sa 9–20 Uhr)*. Gegenüber liegt das *Real Colegio y Capilla del Corpus Cristi,* auch *Colegio del Patriarca* genannt *(C/. La Nave, 1, tgl. 11–13.30 Uhr)*. Vom Erzbischof und späteren Vizekönig von Neapel Juan de Ribera als Priesterseminar gegründet, umschließt das 1586 begonnene Gebäude einen ==Renaissance-Innenhof== mit 26 Rundbogen auf weißen Marmorsäulen. Das Barockportal der *Iglesia del Patriarca* oder *Iglesia del Cor-*

VALÈNCIA/COSTA DEL AZAHAR

pus Cristi wurde zum Vorbild vieler Kirchen der Region. Die *Pinacoteca* zeigt Gemälde alter Meister. Flämische Wandteppiche zieren die *Capilla de la Concepción*. Ein barocker Traum in Alabaster und Stuck ist die Fassade des *Palacio del Marqués de Dos Aguas (C/. Poeta Querol, 2)*.

El Grau und Strände

Valèncias erste Zugverbindung mit der damals eigenständigen Hafenstadt *El Grau* entstand 1852. Bis heute gelangt man mit dem inzwischen postmodernen *Tranvía de la Malvarrosa* auf die Sonnenseite der Stadt. Bei *Les Termes* setzt einen die Straßenbahn ab, am Hausstrand von València, der 🏃 *Playa de la Malvarrosa*. Hier haben sich seit dem 19. Jh. Strandvillen und Fischerdörfer vermischt. Die Promenaden in Richtung Hafen sind Zentren des Nachtlebens. Vorbei am *Balneario de las Arenas*, einem mondänen Strandbad von 1838, gelangt man zur *Avda. Neptuno*, der Gastromeile der *Explanada Marítima*. Der Weg endet in El Grau. Dahinter liegen der Fischmarkt von *Cabanyal* und Tapa-Restaurants.

Micalet und Kathedrale

★ Der achteckige ☼ Turm der Kathedrale, von den Valencianos *Micalet* genannt, wurde ab 1381 im Stil der aragonesischen Gotik errichtet. Im 17. Jh. erhielt er in 68 m Höhe seinen barocken Abschluss. Von der Aussichtsplattform (51 m) herrlicher Blick über València und die Huerta. Darunter ertönen zwölf Glocken; darüber hängt die dem Erzengel geweihte Michaelisglocke.

Die romanisch-frühgotische *Puerta del Palau* gehört zur ersten Bauphase des ab 1262 errichteten Gotteshauses, das 1999 vollständig renoviert wurde und als Welterbe der Unesco anerkannt ist. Gotisch ist die *Puerta de los Apóstoles*, vor der seit dem Mittelalter jeden Donnerstag um die Mittagsstunde das Wassergericht *El Tribunal del Agua* tagt: Acht würdige Bauern aus der Huerta schlichten Streitigkeiten um die Verteilung des Wassers. *Insider Tipp*

Das barocke Hauptportal verbindet das gotische Hauptschiff mit dem ansonsten frei stehenden Micalet. Das Hauptschiff hat eine Länge von 96 m. Außer Gemälden von Goya in der *Capilla de San Francisco de Borja* und Malern der valencianischen Schule im *Museo de la Catedral* sind die Renaissancegemälde aus der Schule Leonardo da Vincis am Hauptaltar interessant.

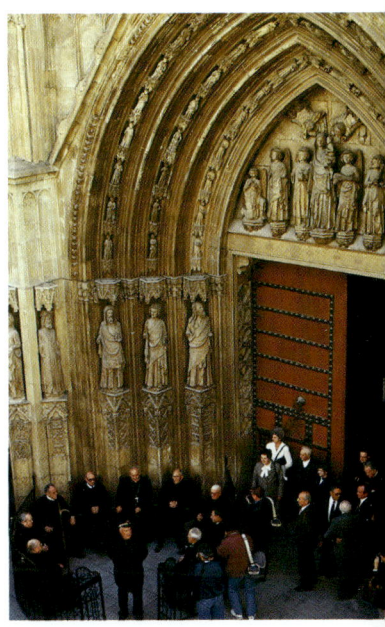

Vor dem Apostelportal der Kathedrale tagt das Wassergericht

VALÈNCIA

Mit allegorischen Figuren geschmückt: Brunnen auf der Plaza de la Virgen

In der *Capilla del Santo Cáliz* wird in einem Altar ein Kelch aufbewahrt, aus dem nach der Überlieferung Jesus und seine Jünger beim Letzten Abendmahl tranken und in dem das Blut des Gekreuzigten aufgefangen wurde. Über der Vierung wölbt sich der achteckige, mit Alabasterscheiben verglaste *Cimborrio*, ein lichtes Werk der Gotik. *Pl. de la Reina, s/n, tgl. 10.30–13, 16.30 bis 20, im Winter bis 18.30 Uhr*

Plaza de la Virgen
Durch die Puerta de los Apóstoles der Kathedrale tritt man hinaus auf die Plaza de la Virgen. Auf den *terrazas* trinken Beamte der Regionalregierung aus dem nahen gotischen *Palau de la Generalitat (C/. Caballeros, 2, Mo–Fr 9–14 Uhr nur für Gruppen nach Voranmeldung unter Tel. 963 86 34 61)* Kaffee – neben Einkaufsbummlern und Touristen. Hier breitet sich ein Blumenmeer aus, wenn zu den *fallas* und an Fronleichnam die Schutzpatronin der Stadt, eine gotische Marienstatue, aus ihrem Heiligtum geholt wird, der barocken *Basílica de la Virgen de los Desamparados*. Die kleine Kirche, in der Maria als Beschützerin der Verlassenen verehrt wird, wurde 1667 samt ihrer Keramikkuppel vollendet.

MUSEEN

Centre Cultural La Beneficència
Funde aus der Region, darunter Höhlenmalereien aus der Cova del Parpalló bei Gandia, zeigt das *Museo de la Prehistoria*. Unter demselben Dach: das *Museo de Etnología*. *C/. Corona, 36, Di–So 10–20 Uhr*

IVAM
Insi Tip!

Das *Institut Valenciá d'Art Modern* gehört zu Spaniens Pionieren für Gegenwartskunst. Der postmoderne Bau des *Centre Julio González (C/. Guillem de Castro, 118, Di–So 10–20 Uhr)* zeigt die interessante Sammlung.

VALÈNCIA/COSTA DEL AZAHAR

Museo del Artista Fallero
Vom 12. bis 19. März werden in der Comunidad Valencia die *fallas* gefeiert. In der letzten Nacht landen die satirischen Pappriesen, die extra dafür gebaut werden, auf dem Scheiterhaufen. Entstanden sind die *fallas*, als die Schreiner nach dem Winter ihre Holzreste aus der Werkstatt warfen. Die besten *ninots* (Riesen) werden »begnadigt« und dem Museum übergeben. *C/. del Ninot, 24, Ciudad del Artista Fallero, Mo bis Fr 10–14, 16–19, Sa 10–14 Uhr*

Museo de Bellas Artes
In einem ehemaligen Kloster aus dem 17. Jh. jenseits der Jardines del Turia werden Gemälde und Skulpturen von der Antike bis ins frühe 20. Jh. gezeigt. Besonders als Pinakothek gotischer Malerei wichtig. *C/. San Pío V, 9, Di–So 10–20 Uhr*

Museo del Siglo XIX
Im Kloster *Convento del Carme* (13. Jh.) nimmt dieses Museum langsam Gestalt an, das einmal der angemessene Rahmen für Künstler des 19. Jhs. wie Joaquín Sorolla werden soll. Zurzeit wechselnde Ausstellungen. *C/. Museo, 2, Di bis So 10–20 Uhr*

Museo Taurino
Alles, was mit Stierkampf zu tun hat. *Pasaje Doctor Serra, 16, Di–Fr 10–14 und 16–20, Sa 11–14 Uhr, Eintritt frei*

ESSEN & TRINKEN

Albacar
Zählt zu den besten Restaurants der Stadt. *C/. Sorní, 35, Tel. 963 95 10 05, Sa mittags, So, in der Karwoche und im Aug. geschl.,* €€

Can Bermell
Tapa-Bar und Restaurant; zählt zu den ältesten und solidesten Essstätten in der Altstadt. Pilzgerichte beachten! *C/. Santo Tomás, 18, Tel. 963 91 02 88, So geschl.,* €€–€€€

Casa Roberto
Hier essen die Valencianos ihren *arroz* am liebsten. *C/. Maestro Gozalbo, 19, Tel. 963 95 13 61, So abends und Mo geschl.,* €–€€

Chust Godoy
Valèncias avantgardistischste Speisekarte. Einladend ist auch das gelungene Ambiente eines Stadthauses um 1900, das schön restauriert wurde. *C/. Boix, 6, Tel. 963 91 38 15, So geschl.,* €€

Gure-Etxea
Angeblich sind Basken auf die Idee gekommen, die Tinte von *calamares* zu Soße zu verarbeiten. Sollte man probieren. Günstiges Menü. *C/. Almirante Cadarso, 6, Tel. 963 95 76 22, So geschl.,* €

Marisquería Chivera
Von *gambas a la plancha* bis *zarzuela de mariscos* (Meeresfrüchteplatte) das Beste, was das Meer hervorbringt. *C/. Lérida, 11, Tel. 963 47 59 17, So abends und Mo geschl.,* €€–€€€

La Rosa
Klassiker für *arroz* am Strand von València. *Avda. de Neptuno, 70, Tel. 963 71 25 65, Mo geschl.,* €€

EINKAUFEN

Eilige Einkäufer gehen ins *Nuevo Centro (C/. Pío XII, 4, beim Busbahnhof)* oder in die Niederlassung

VALÈNCIA

der einzigen spanischen Kaufhauskette, *El Corte Inglés (C/. Pintor Sorolla, 26)*. Kunsthandwerk gut vorsortiert bei *Artespaña (C/. de la Paz, 7)*. In der *C/. de la Paz* finden sich exklusive Antiquitätengeschäfte. Außerdem gibt es zahlreiche *rastros*, das sind Trödelmärkte, wo man allerlei finden kann: rund um den *Mercado Central (Mo)*, rund um die *C/. Convento de Jerusalén (Di)*, auf der *Pl. Redonda (So und feiertags)* und auf der *Pl. de Luis Casanova (So)*. Unbedingt ins Programm gehört, morgens durch die Hallen des *Mercado Central (Pl. Mercado)* zu schlendern.

Gitarren und Flamenco-Accessoires
Bekannt für guten Klang sind *José Tatay (C/. Zapadores, 31)* und *Ricardo Sanchís (Carrer del Foc., 32)*. Kleider, Schuhe und anderes Flamenco-Zubehör bietet *Menkes (C/. Convento Jerusalén, 21)*.

Kunsthandwerk
Das *Centro de Artesanía de la Comunidad Valenciana* zeigt und verkauft Kunsthandwerk der Region *(C/. Hospital, 7)*. Von Mitte Mai bis So nach Pfingsten findet um die Kathedrale der Töpfermarkt *La Escuraeta* statt. Außer dem sonntäglichen *rastro* auf der *Pl. Redonda* ist *Lladró (C/. Poeta Querol, 9)* eine gute Adresse für Porzellan. Keramik finden Sie bei *Artesanía Ruzafa (C/. Cádiz, 55)* und in einigen Geschäften an der Plaza Redonda. Spezialist für Krippenfiguren ist *Álvaro Chirivella (C/. Escolano, 25)*.

Mode
Für den Modebummel wählen Sie entweder die Ciutat Vella zwischen den Calles Sorní und Poeta Querol oder L'Exaimple zwischen Hernán Cortés und Colón. Einige Adressen: *Loewe (Avda. Poeta Querol, 7* und *C/. Marqués de Dos Aguas, 7)*, *Adolfo Domínguez (C/. Colón, 52* und *Sorní, 13)*, *Ermenegildo Zegna (C/. Poeta Querol, 10)*, *Cortefiel (C/. San Antón, 3* und *C/. Marqués de Sotelo, 12)*, *Roberto Verino (C/. Sorní, 20)*. Günstige Mode für Ihn bei *Massimo Dutti (C/. Don Juan de Austria, 4)*, für Sie bei *Zara (C/. Colón, 11)*. *(Insider Tip)*

Pastelerías
Valencianische Zuckerbäckerei bieten *Villanueva (C/. Don Juan de Austria, 28)* und *Rosa de Jericó (C/. Hernán Cortés, 12)*.

Wein, Öl und Delikatessen
Eine gute Bodega ist *Rincón de Baco (Gran Vía Marqués del Turia, 3)*. Traditionsreich sind die *Bodegas Segui*, gut sortiert in Wein und Cava und bekannt für ihr Olivenöl *(C/. Cura Femenía, 2* und *C/. Pianista Amparo Iturbi, 16)*. Die feinsten Delikatessen finden Sie bei *Castillo (Gran Vía Marqués de Turia, 1)*.

ÜBERNACHTEN

Ad Hoc
Bürgerliches Wohnhaus am Rand der Altstadt, mit viel Geschmack zu einem komfortablen Stadthotel hergerichtet. *28 Zi., C/. Boix, 4, Tel. 963 91 91 40, Fax 963 91 36 67, www.sercotel.es, €€ – €€€*

Albergue de la Paz
Auf halbem Weg zum Hafen liegt die Jugendherberge. *110 Betten, Avda. Puerto, 69, Tel. 963 69 01 52, Fax 963 60 70 02, nur Juli–Sept.*

VALÈNCIA/COSTA DEL AZAHAR

Continental
Sichere, zentrale Adresse. *40 Zi., C/. Correos, 8, Tel. 963 53 52 82, Fax 963 53 11 13, www.contitel.es,* €€

Meliá Confort Inglés
Luxus mit Stil in einem ehemaligen Stadtpalais in der Altstadt. *60 Zi., C/. Marqués de Dos Aguas, 6, Tel. 963 51 64 26, Fax 963 94 02 51,* €€€

Meliá Valencia Palace
Fünfsternehaus am Río Turia. Schöne Blicke. *199 Zi., Paseo Alameda, 32, Tel. 963 37 50 37, Fax 963 37 55 32, www.solmelia.es,* €€€

NH Express Las Artes
Für Kongress-Reisende und alle, die es vor allem auf die »Stadt der Künste und der Wissenschaften« abgesehen haben. *121 Zi., Avda. Instituto Obrero, 26, Tel. 963 35 60 62, Fax 963 33 46 83, www.nh-hotels.com,* €€

FREIZEIT & SPORT

Tauchen, Ausflüge zu Fuß, zu Pferde, mit dem Fahrrad bietet das *Centre Excursionista (Pl. Tavernes de Valldigna, 4, Tel. 963 91 16 43, www.redestb.es/cev).*

Golf
★ Der Golfplatz von *El Saler*, dem Badeort südlich von València, gilt Golfern als einer der besten Europas.

Segeln
Real Club Náutico de Valencia (Camino Canal, 91, Tel. 963 67 90 11). Eine Reihe von Segelschulen findet man in Gandia.

AM ABEND

Barrio del Carmen
Junge Leute treffen sich im Café *El Negrito (Pl. Negrito)*, im Café *Infanta (Pl. Tossal, 3)* oder auf der Terrasse des Cafés *San Jaime (C/. Caballeros, 51)*, In-Treff in einer ehemaligen Apotheke. Im Café *La Bolsería (C/. Bolsería, 41)* wird zu lauter Musik getanzt. Salsa gibt's bei *Johnny Maracas (C/. Caballeros, 29).*

Café del Duende
Treff für Liebhaber des Flamenco. *C/. Turia, 62, Mi–Sa ab 22 Uhr*

Cervecería Madrid
Treff für den Aperitif, Tür an Tür mit dem Palacio del Marqués de Dos Aguas. *C/. Poeta Querol*

Im Straßencafé die lauen Nächte von València genießen

VALÈNCIA

Hafen und Strände

Insider Tipp Valèncias Route der Nachtschwärmer ist die *Ruta del Bacalao.* Auf der Suche nach dröhnendem Technosound zieht die Jugend von El Perelló *(Puzzle, Ctra. Nazaret–Oliva, km 22)* über Pinedo *(The Face, Camino Montañares, 145; Factory Song, Autopista al Saler s/n)* zur Playa de la Malvarrosa *(ACTV, C/. Eugenia Viñes, 152).*

An der *Playa de Levante* von Malvarrosa sucht man bei Hamburgern oder Tapas den Übergang vom Strand- zum Nachtleben und trifft sich in Lokalen wie dem *Café del Mar (C/. Eugenia Viñes, 117, Fr bis So)* zum Kaffee und ersten Drinks, im *A la Deriva (Avda. De Neptuno, 14),* wo man sich stärkt und Billard spielt, auf den ruhigeren Terrassen des *Akuarela Tropical (C/. Eugenia Viñes, 152)* oder des *Banana (C/. Isabel de Villena, 45)* zum Cocktail – oder gar zum Eislaufen und einem Schluck Agua de València im *Completo (C/. Eugenia Viñes, 225).*

Livemusik

Das *Black Note (C/. Polo y Peirolón, 13)* ist Valèncias Jazz-Oase. Sa und So gibt es im *Café Bahiano (C/. Calatrava, 12)* brasilianische Livemusik, etwas auswärts hat sich das Viertel *Isla Perdida* zum Rock-Refugium entwickelt, wo man im *El Escondite (C/. Cedro, 2)* oder im *El Asesino (C/. Cedro, 1)* szenigen Independent-Gruppen lauscht.

AUSKUNFT

Oficinas de Turismo

C/. de la Paz, 48, Tel. 963 98 64 22, Fax 963 98 64 21, Mo–Fr 10–18, Sa 10–14 Uhr; Estación del Norte, Tel. 963 52 85 73, Mo–Fr 9–18.30 Uhr; Pl. Ayuntamiento, 1, Tel. 963 51 04 17, Fax 963 52 58 12, Mo–Fr 8.30–14.15, 16.15–18.15, Sa 9.15 bis 12.45 Uhr; www.ayto-valencia.es, www.comunidad-valenciana.com

ZIELE IN DER UMGEBUNG

La Albufera [121 D1]

15 km südlich von València gelangt man über ausgedehnte Reisanbaugebiete an den größten Binnensee Spaniens: La Albufera. Heute 2000 ha groß, bedeckte der fisch- und vogelreiche See im Mittelalter rund

Bootsausflug auf Spaniens größtem Binnensee: La Albufera

VALÈNCIA/COSTA DEL AZAHAR

Auf dem Monte de las Zorras ragt malerisch die Burg von Cullera auf

30 000 ha. Damals war *El Palmar* noch eine Insel, auf der Fischer in ärmlichen *barracas* wohnten; inzwischen sind die schilfgedeckten Häuser teure *chalés* für Wochenendler. Ausflüge hierher, zu Fuß oder mit der *barquita*, dem Holzboot der Albufera, bietet das *Centro de Información del Racó de l'Olla (Ctra. El Palmar, s/n, Tel 961 62 73 45, Mai–Sept. tgl. 9–14, 16 bis 18.30, sonst 9–14, 15–17.30 Uhr, www.albufera.com)*. Der See und die kilometerlangen Meeresstrände bis weit über Cullera hinaus haben gute Restaurants angezogen. Eins ist das traumhaft schöne Reis- und Fischrestaurant *Casa Salvador (L'Estany de Cullera, s/n, Tel. 961 72 01 36, €€)*. Für ihre *arroces* ebenso berühmt wie für die günstigen Preise ist die *Casa Carmina (C/. Embarcadero, 4, El Saler, Tel. 961 83 02 54, So abends und Mo geschl., €–€€)*. Anspruchsvolle steigen ab im *Parador Luis Vives de El Saler (58 Zi., Avda. Pinares, 151, El Saler, Tel. 961 61 11 86,* Fax *961 62 70 16, €€€)* oder im *Sidi Saler (276 Zi., Playa de El Saler, Tel. 961 61 04 11, Fax 961 61 08 38, www.sidisaler.com, €€€)*. Und das nicht nur wegen der hervorragenden Küche der beiden Luxushotels sowie der kilometerlangen, feinsandigen Playa de El Saler: Beide Hotels bieten Green Fee für den Golfclub *Campo de Golf El Saler*.

Im Sommer bringt es *Cullera* (21 000 Ew.) **[121 E2]** leicht auf 100 000 Einwohner. Was aus der Ferne wie Manhattan hinter Orangenhainen aussieht, ist eine freundliche Küstenstadt mit lebhafter Markthalle und verwinkelten Gassen, umzingelt von Strandhotels. *Auskunft: Oficina de Turismo, C/. Ríu, 38, Tel. 961 72 09 74*

15 km Sandstrände laufen auf den Kalkfelsen über der Altstadt zu. Auf dem *Monte de las Zorras* thront die ☀ *Burg* aus dem 13. Jh. Das dortige *Santuario de la Virgen del Castillo* birgt die Patronin der Stadt. Auf dem äußersten Felsenzipfel steht ☀ *La Farola*. Von diesem

43

VALÈNCIA

Leuchtturm führt ein Pfad zur Bucht *Cala del Cabo Blanco,* von der aus der Pirat Dragut 1550 Cullera überfiel. Darum dreht sich das *Höhlenmuseum* an der Plaza Dr. Fleming in Faro de Cullera *(im Sommer tgl. 9–2 Uhr nachts, www.cuevadedragut.com).* Lohnend ist ein Besuch im Reismuseum *(Museo del Arroz, Ctra. del Saler, s/n, Di–So 10.30–13, 18.30–20.30 Uhr).*

Chulilla [116 B6]
Insider Tipp

Natur und Geschichte sind in Chulilla (740 Ew., ca. 60 km nordwestlich, auf 530 m Höhe) förmlich verschmolzen. Die Mauern des *Castillo Árabe* erscheinen von der ☼ *Cruz de la Muela* aus gesehen wie eine Gesteinsformation des Berges am Eingang einer tiefen Schlucht des Río Turia. Vier Zisternen aus römischer und arabischer Zeit dienten als Wasserspeicher. Die Inquisition nutzte die Burg als Gefängnis. Am Rand der Schlucht hängen die Häuser des Ortes. Anfang Mai feiert Chulilla seine *Fiesta de la Virgen de la Rosa* mit Menschentürmen und Erzählungen aus dem zurückliegenden Jahr. Im Hotel des *Balneario de Chulilla (Afueras, s/n, Tel. 961 65 70 13, www.balneariodechulilla.com, €)* kann man Haut, Gelenken und Atemwegen Gutes tun.

Huerta von València [116 C6]
»València ist das Land der Blumen, des Lichtes und der Liebe«, besingt ein populärer Paso doble die *huerta,* den »Garten« von València. Knapp 17 km vom Stadtrand entfernt stimmt der Text wieder. In *Llíria* (15 042 Ew.) bietet sich vom ☼ Kloster *El Real Monasterio de San Miguel* (14. Jh.) ein herrlicher Blick. Vor den Toren der Stadt liegt die *Ermita de San Vicente* mit ihrer Quelle, die dem hl. Vinzenz Ferrer geweiht ist, der 1350 in València geboren wurde. Für eine Paella im *Restaurant Levante (C/. Virgen del Fundamento, 15, nur mittags, Tel. 962 78 07 21, Di geschl., €)* lohnt der Weg nach *Benissano* (1680 Ew.) mit seiner mittelalterlichen Burg. Über *Chiva* (8340 Ew.) mit seinen beiden Burgen gelangt man auf der N III nach *Buñol* (9320 Ew.) **[120 C1]**, wo das bergige Hinterland beginnt. In den malerischen Gassen tobt am letzten Mi im Aug. 🏃 *La Tomatita,* eine Tomatenschlacht, von der nicht überliefert ist, ob sie in einem Streit oder in einem »saftigen« Protest gegen Franco (1944) ihren Ursprung hat.

Macizo del Caroche [120 B–C 2–3]
Insider Tipp

Rund um das Naturschutzgebiet des Macizo del Caroche (ca. 60 km südwestlich auf 1124 m Höhe) kann man das Hinterland der Costa Blanca noch so erleben, wie es in den heute überlaufenen Ecken wie etwa rund um Guadalest vor Jahrzehnten einmal war. Traumhafte Pueblos gibt's zu entdecken, Höhlen und Schluchten, prähistorische Felsmalereien, wilde Bergziegen, Geier und Adler. Wanderungen, Touren mit dem Mountainbike, *barranquismo* (ein Sport, bei dem man sich durch Wasserfälle abseilt) und Höhlenführungen bietet 🏃 *AL3, Turismo Activo* (Herberge mit 12 Betten und Restaurant, eine *casa rural* und ein Camp; *C/. Juan Bautista Humet, 6, 1°, 46823 Navarrés, Tel./Fax 962 26 75 93, www.paralelo40.org/al3turismo, €).*

Erst 1612 ergaben sich in *Millares* (730 Ew., 344 m) die letzten Morisken. Um das Naturschutzge-

VALÈNCIA/COSTA DEL AZAHAR

biet führt die *Ruta de Castillos y Cuevas* weiter in die einstige Moriskenstadt *Jalance* (1190 Ew., 445 m). In *Ayora* (5600 Ew., 596 m) schmiegen sich das frühere Judenviertel und die *Iglesia de la Asunción* an den Burghügel. In der *Casa Rural Rosario de la Castellana (Zarra s/n, 7 km nach Ayora, für 12 Personen, Tel. 963 40 33 37, www.masrural. com, €)* finden Sie in Zarra stilvoll Unterkunft. Auch das *Hotel-Balneario Hervideros de Cofrentes (Cofrentes, Tel. 961 89 40 25, Fax 961 89 40 05, €€)* bietet sich für einen erholsamen Aufenthalt an.

Requena [120 B1]

Requena (18 700 Ew., 60 km westlich) ist das Herz der valencianischen Weinbauregion. Die arabische *Burg* beherrscht in 700 m Höhe den Pass über die Sierra de las Cabrillas. Im 15. Jh. im Mudéjar-Stil erneuert, beherbergt sie das *Museo Municipal* und das Weinmuseum *Museo del Vino*, das auch die ehemalige Seidenindustrie dokumentiert. Der Held der Reconquista wohnte in der *Casa del Cid*. Die *Iglesia del Salvador* und *Santa María* zieren gotische Portale. Im *Mesón del Vino (Avda. Arrabal, 11, Tel. 962 30 00 01, Di geschl., €–€€)* werden zum Wein der Region Lamm und Rindfleisch serviert. *Auskunft: Oficina de Turismo, C/. García Montés, Tel. 962 30 38 51, Fax 962 30 35 53*

Sagunt [117 D5]

170 m über der Stadt (57 800 Ew., 25 km nördlich) erstrecken sich auf 800 m Länge die Mauern der einstigen Bergfestung. Bevor man zu ihr gelangt, erreicht man durch geweißelte, liebevoll mit Blumen geschmückte Gassen in der *C/. Castillo* das *Portalet de la Sang*, die Pforte zum ehemaligen Judenviertel. *Sang* heißt Blut, und das floss hier im 14. Jh. bei Pogromen. Heute liegt hier ein vortreffliches Restaurant: *L'Armeler (C/. Castillo, 44, Tel. 962 66 43 82, So abends und Mo geschl., €€)*.

Sagunt war unter dem Namen *Arse* Hauptstadt der Iberer an der Costa del Azahar. Ein großer Teil der heute sichtbaren Mauern stammt aus dem Mittelalter sowie aus dem 18./19. Jh. Die Festung hat sieben Trakte, deren höchstgelegener, *La Ciudadela*, die eigentliche Burg ist. Im Westen wurden Reste der Zyklopenmauern von *Saguntum* freigelegt, das schon die Römer *Muri veteres* nannten, »alte Mauern«. Das *römische Theater* in den Ausläufern der Bergfestung wurde 1896 zum Nationaldenkmal erklärt. 100 Jahre später erfuhr das 6000 Zuschauer fassende Halbrund eine umstrittene Restaurierung *(Mo–Sa 10–20 Uhr, Juli–Aug. Kulturfestival »Sagunt a Escena«)*. Nach den Phöniziern weitgehend vernachlässigt, kam der Hafen 6 km östlich der Stadt, *El Grau de Sagunt*, um 1920 durch die Stahlindustrie wieder zu Bedeutung, wovon die still gelegten Hochöfen zeugen. Heute schaukeln Yachten und Fischerboote hinter der Mole, von der ein Großteil der Orangenernte verschifft wird. An zwei etwas kiesigen Strände weht die blaue Fahne: *Playa del Puerto* und *Playa de Almardá*. Ein zweckmäßiges Hotel ist das *Azahar (25 Zi., Avda. País Valencià, 8, Tel. 962 66 33 68, Fax 962 65 01 75, €€)*.

Auskunft: Oficina de Turismo, Pl. Cronista Chabret, s/n, Tel. 962 66 22 13, Fax 962 66 26 77, www. sagunt.com/turismo

DÉNIA/BENIDORM

Das warme Herz der Costa Blanca

Europa im Kleinformat an der »Weißen Küste«

Sieht man den Penyal d'Ifac (Peñón de Ifach), das Wahrzeichen der Costa Blanca, weiß über dem Meer aufragen, ist es Zeit, Vorurteile über Bord zu werfen, das Klischee vom Massentourismus in Betonburgen ebenso wie das von verträumten Fischerdörfern. Rund um den Penyal ist ein kleines vereintes und herausgeputztes Europa entstanden. Phönizier, Römer, Goten, Mauren, Touristen: Wer auch immer diese Küste eroberte, blieb gern hier. In so manchem Restaurant werden Wirt und Wirtin Sie mit englischem, deutschem oder gar russischem Akzent empfangen. Von Altea, das malerisch unter den blauweißen Keramikkuppeln seiner Kirche Nuestra Señora del Consuelo aufs Meer blickt, bis hinauf nach Dénia säumen *chalés* die weißen Küstengebirge. Wenn Benidorm längst von den meisten Touristen verlassen wurde, hört man auf dem Wochenmarkt von Benissa immer noch Sprachen aller Nationen. Frisch gepflückte Apfelsinen werden beschnuppert, und über allem schwebt der Stern von Bethlehem hinter Palmen am Kirchturm und verbreitet bei milden Temperaturen

Der Penyal d'Ifac bei Calp, das Wahrzeichen der Costa Blanca

Wochenmarkt in Benissa

Weihnachtsstimmung. Von der Marina Baixa um Benidorm halten die Sierras die Nordwinde fern; bei einer Durchschnittstemperatur von 19 Grad ist an Winter nicht zu denken. Bald füllen die ersten Kirschen und Mispeln die Stände. Längst herrscht Frühling auch in den Städten und Dörfern der Sierras, idyllischen Winkeln, die trotz der Touristenscharen ihren Zauber bewahrt haben.

ALCOI (ALCOY)

[121 D4] Am 21. April beginnt auf der Brücke 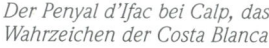 *Pont Sant Jordi* mit einem spektakulären Feuerwerk die *Fiesta de Moros y Cristianos*, die bis zum 24. April dauert und die Belagerung durch die Mauren (1276) nachstellt. Ansonsten ist die Industriestadt Alcoi (65 200 Ew., 650 m) eine der schönsten dieser Gattung.

ALCOI

Wasserskifahrer an der Playa de Levante von Benidorm

SEHENSWERTES & MUSEEN

Freunden der Industriearchitektur wird der ⚠ *Viaducto de Canalejas* gefallen, eine Stahlbrücke von 1907 über den Río Molinar, einen von drei Flüssen um die Stadt. Die *C/. San Nicolás*, die *C/. San Lorenzo* und die *Avda. País Valencià* durchziehen ein Jugendstilviertel. In der Altstadt von Alcoi ist im Renaissancegebäude des ehemaligen Rathauses das *Museo Arqueológico (Placeta del Carbó, Mo–Fr 9–14, Sa/So 10.30–13.30 Uhr, www.ajualcoi.org/museu)* untergebracht, das Keramik von iberischer Zeit bis ins 18. Jh. zeigt. Das *Museo de la Fiesta (Casal de Sant Jordi)* dokumentiert die Geschichte des Christen- und Mauren-Festes *(C/. San Miguel, 62, Di–Fr 11–13, 16.30 bis 19.30, Sa/So 10.30–13.30 Uhr, www.associaciosantjordi.org)*.

ÜBERNACHTEN

Reconquista
Renoviertes Hotel im Zentrum mit Blick auf Altstadt und Berge. *70 Zi., Avda. Puente San Jorge, 1, Tel. 965 33 09 00, Fax 965 33 09 55, www.costablanca.org/reconquista.asp*, €€€

Hostal Savoy
Modern, freundlich und günstig. *40 Zi., C/. Casablanca, 9, Tel. 965 54 72 72, Fax 965 54 89 67, www.hostalsavoy.com*, €–€€

ZIELE IN DER UMGEBUNG

Agrés [121 D4]
Dass man in den Sierras weiß, was Schnee und Kälte sind, kann man beim 11 km nördlich gelegenen Agrés (650 Ew.) in Augenschein nehmen. Über dem schönen Ort liegt das ⚠ *Santuario de la Virgen del Castillo* mit einer schwarzen Madonnenstatue, bei der sich im September Tausende von Pilgern einfinden. Von hier führt ein Weg zu zwei über 1200 m hoch gelegenen ⚠ Schneebrunnen in der waldigen Sierra de Mariola. Die *Cava Gran* hat einen Durchmesser von 15 m und ist 12 m tief. Hier wurde früher im Winter Schnee zu Kühlzwecken für den Sommer gesammelt. Sehenswert ist auch die alte Grafenstadt *Cocentaina* (10 700

DÉNIA/BENIDORM

Ew.) mit Bauten aus Gotik und Renaissance und einem guten Restaurant: *L'Escaleta (Pujada Estació Nord, 205, Tel. 965 59 21 00, So abends und Mo geschl., www.lescaleta.com, €€)*.

BENIDORM

[121 E5] Benidorm in Zahlen – das sind zwei Strände, 48 000 Ew., zu denen sich im Sommer über 300 000 Besucher gesellen, fast 300 000 Betten bzw. Plätze in Hotels, Apartments, auf Campingplätzen, 145 Hotels, davon 80, die man den Wolkenkratzern zurechnen kann (das neue *Bali III* ist mit 175 m Höhe und 52 Stockwerken das höchste Ferienhotel des Kontinents), 600 Bars und Diskos, 400 Restaurants, 60 Banken, ungezählte Geschäfte. Das ehemalige Küstendorf ist heute eine gigantische Freizeitfirma. Ein Horror? Drei Dinge findet man in Benidorm nicht: Bauruinen, Ruhe und gelangweilte Touristen. Ansonsten findet man hier alles, entgegen vielen Vorurteilen auch Spanier: Sie stellen mehr als die Hälfte der Feriengäste; erst dann kommen Briten mit 30 Prozent. 3 Mio. Menschen rollen hier übers Jahr ihre Handtücher aus, unter ihnen viele Wiederholungstäter.

Ein Babylon, wo in den 1950er-Jahren ein 2700-Seelen-Dorf beschaulich über dem Meer träumte. Doch was auf alten Postkarten als Idyll erscheint, war Schauplatz eines harten Lebens zwischen trockenen Feldern und verödeten Fischgründen. Die Stadt hat sich zu einer Freizeithochburg gemausert. Doch Wasser-, Vergnügungs- und Hotelparks stehen an zweiter Stelle. Benidorms Hauptattraktion sind die ★ *Playa de Levante* und die *Playa de Poniente,* feinsandig, tipptopp gepflegt und bewacht. Und nach wie vor bestechend schön.

RUNDGANG

Seinen alten Ortskern hat Benidorm nicht getilgt. Vor ihm ragt der ❀ *Balcón de Europa* ins Meer. Von der sechseckigen Aussichtsterrasse schweift der Blick über die

---

MARCO POLO **Highlights**
»Dénia/Benidorm«

★ **Girasol**
Nahe Moraira liegt das Spitzenrestaurant der Costa Blanca (Seite 59)

★ **Playa de Levante**
Der überlaufenste, begehrteste, verrufenste und auf seine Art schönste Strand der »Weißen Küste« (Seite 49)

★ **Penyal d'Ifac**
Was der Eiffelturm für Paris, ist der Kalkfelsen für die Costa (Seite 52)

★ **Guadalest**
Täglich belagern Ausflugsbusse die schönste maurische Bergfestung Spaniens (Seite 53)

BENIDORM

fast 5 km lange Flucht der Strände und Hotels. Davor sprudelt eine Fontäne – das Mittelmeer als Springbrunnen. Daneben erstreckt sich ein kleiner Strand, die *Playa del Mal Pas*. Vom Hafen legen die Fähren zum *Islote de Benidorm* ab, einer unbewohnten Felseninsel, die als Vogelparadies geschützt wird. Rund um die *Plaza del Castell* vergisst man, wo man ist. Unter den blau glasierten Keramikkuppeln der *Iglesia de la Virgen del Sufragio* hängen Caféterrassen über den Klippen. Die *Virgen del Carmen* wird am Sonntag nach dem 16. Juli in einer Schiffsprozession durch die Bucht gefahren. Durch weiße Gässchen voller Tapa-Bars gelangt man über die *Plaza de la Creu* ins neue Benidorm.

SEHENSWERTES & MUSEEN

Europas größter Themenpark *Terra Mítica* lädt zu einer Reise durch die Geschichte ein (siehe »Mit Kindern reisen«). Gegenüber dem Castillo bietet sich für Schlechtwettertage das *Museu de cera*, das Wachsfigurenmuseum, an *(Avda. Mediterráneo, 8, tgl. 10.30–20, im Sommer bis 13 Uhr, Eintritt 6 Euro)*.

ESSEN & TRINKEN

Dank der vielen spanischen Besucher gibt es in Benidorm hervorragende Tapa-Bars. Die Gasse *C/. Santo Domingo* bietet sich für eine kulinarische Spanienrundreise an. Beginnen Sie in der *Freiduría Córdoba (Ecke Paseo Carretera)* bei frittiertem Fisch und Meeresfrüchten, probieren Sie weiter von den leckeren baskischen Tapas im *Easo Berri (Santo Domingo 14)*, Asturisches zu *sidra* (Apfelwein) in der *Sidrería Covadonga* und schließlich beste Tapas in der *Cava Aragonesa (Plaza de la Constitución)*.

Casa Toni
In lockerer Atmosphäre greift man zu frisch zubereitetem Fisch, *jamón ibérico* und *tapas*. *C/. Cuenca, 27, Tel. 966 80 12 32, So abends geschl.*, €

Hotel Levante Club
Benidorms neue und beste Adresse für gute, leichte und mediterrane Küche. Als festes Menü (aber mit Selbstbedienung vom Büfett; auch für Nicht-Hotelgäste) ausgesprochen preiswert. Die Nachspeisen sind unschlagbar. *Avda. Severo Ochoa, 38, Tel. 966 83 00 00, www.hotellevanteclub.com, tgl. bis 21.30 Uhr*, €

La Palmera-Casa Paco Nadal
Das Lokal am Ende der Playa de Levante bietet erstklassige Fänge aus dem Meer, vorzugsweise auf Reis, und das zu erfreulichen Preisen. *Avda. Severo Ochoa, s/n, Tel. 965 85 32 82, außer Juli/Aug. Mo abends geschl.*, €

ÜBERNACHTEN

Cimbel
Traditionsreiches Hotel direkt an der Playa de Levante. *140 Zi., Avda. Europa, 1, Tel. 965 85 21 00, Fax 965 86 06 61*, €€€

Gran Hotel Bali
Zur Zeit mit 52 Stockwerken das Höchste, das Europas Hotellerie zu bieten hat. *696 Zi., C/. Luis Prendes, s/n, Tel. 965 85 42 43, Fax 965 81 35 58, www.grupobali.com*, €€

DÉNIA/BENIDORM

Manhattan an der Costa Blanca – die Hotelzeile von Benidorm

FREIZEIT & SPORT

Tgl. außer So/Mo fährt 9.45 Uhr die Schmalspurbahn Limón Express nach Gata de Gorgos, Ortsbesichtigung und Besuch der Gitarrenfabrik inbegriffen *(Karten in der C/. Estación, 2, Tel. 966 80 31 03)*. Zu Fahrten in die *Bahía de Calpe* und zum *Islote de Benidorm* legen ständig Boote vom Hafen ab. Tauchausflüge Tauchausflüge beim *Club Naútico Benidorm (Oaseo Colón, s/n, Tel. 965 85 30 67)*.

AM ABEND

In Benidorm kann man sich problemlos die Nacht um die Ohren schlagen. An der Nationalstraße finden Sie das *K.M.*, an der Avenida de Alcoi 6 kann man im *Pachá* die Nacht zum Tage machen. In der gleichen Straße liegt das *Penélope*. Wenn Sie sich etwas Besonderes gönnen wollen, gehen Sie ins *Benidorm Palace*, wo Sie ein Abend mit Revueprogramm und gepflegtem Abendessen erwartet *(Avda. Severo Ochoa, Tel. 965 85 16 60, €€)*.

Ebenso berühmt wie Benidorms 2900 Sonnenstunden im Jahr sind die Nächte an der *Playa de Levante*. Hier reihen sich Cafés, Ballsäle für reiferes Publikum, Flamencoschuppen, Eisdielen und Pubs für jüngere und jüngste Nachtschwärmer. Wer sich ohne Verkehrsrisiko auf die Ruta del Bacalao entlang der Küste begeben will, springt am Bahnhof am besten auf den Nachtschwärmerzug »El Trensnochador« *(nur im Sommer; Info: Tel. 900 72 04 72)*.

AUSKUNFT

Oficinas de Turismo
– *Avda. Martínez Alejos, 16, Tel. 965 85 13 11, www.benidorm.org*
– *Avda. De Europa, Ecke C/. Ibiza*
– *Ctra. Benidorm–Finestrat, Camino de Moralet (Terra Mítica)*

BENIDORM

ZIELE IN DER UMGEBUNG

Altea [121 F5]

Der Reiz der 11 km nördlich gelegenen Küstenstadt (14 000 Ew.) liegt in ihrer malerischen Altstadt unter der Pfarrkirche *Nuestra Señora del Consuelo*. Der Blick von den Aussichtsterrassen über die Bucht ist nur bei einer Wanderung in die angrenzende *Sierra de Bernia* zu übertreffen, in der die Ruinen des unter Philipp II. errichteten *Fort de Bernia* von Moriskenaufständen und Piratenüberfällen zeugen. Vortreffliche Reisgerichte zu günstigen Preisen serviert in einer Seitenstraße hinter der Uferpromenade das *Racó de Toni (C/. La Mar, 127, Tel. 965 84 17 63, €–€€)*. Ein Highlight der Hotellandschaft ist das *Meliá Altea Hills Resort (Urb. Altea Hills, N-332, km 163,5, Tel. 966 88 10 06, Fax 966 88 10 24, www.sh-hoteles.com, €€€)*.

Auskunft: Oficina de Turismo, C/. Sant Pere, 9, Tel. 965 84 41 14

Calp (Calpe) [121 F4]

Beschilderte Pfade führen zu den Resten der Stadtmauer, dem *Torreón de la Peça* und der im 18. Jh. im Mudéjar-Stil erweiterten *Iglesia de la Mare de Déu de les Neus*. Die einstige Fischerstadt (11 250 Ew., 22 km nördlich) widmet ihre 3 km Sandstrand ganz dem Tourismus. Höher als alle Hotels ragt der ★ *Penyal d'Ifac* über die Küste, ein Naturschutzgebiet, zu dem das *Centro del Visitante* über dem Hafen den Zutritt kontrolliert. Hinter der Steilwand des 332 m hohen Kalkfelsens liegen Sandstrände und die Überreste einer Iberersiedlung. Für den Rundweg braucht man mindestens zwei Stunden.

Das Hotel *Esmeralda* liegt direkt am Strand und hat ein Hallenbad, einen Pool im Freien und eine hauseigene Diskothek. **Tipp für Autogrammjäger:** Im Esmeralda steigt regelmäßig die Radsportelite und andere Prominenz ab *(Ponent, 1, Playa de Levante, Tel. 965 83 61 01,*

Wanderung am Penyal d'Ifac bei Calp

DÉNIA/BENIDORM

Frühobst der besonderen Art

Das Land, in dem die Mispeln reifen

Zum Frühlingsanfang werden an der Costa Blanca die aromatischen, herzhaft mundenden Mispeln reif. Die tiefgelbe Frucht, die auf großblättrigen Bäumen wächst, wird im Hinterland von Dénia und Benidorm angebaut. Mispeln sind unter ihrer zähen Schale nicht nur äußerst vitaminhaltig, sie sind auch tückisch: Wem der saftige Genuss aufs Hemd tropft, der bringt einen hartnäckigen Fleck als bleibende Erinnerung mit nach Hause.

Fax: 965 83 60 04, www.rocaesmeralda.com, €€). Fische und Meeresfrüchte kann man im Restaurant *Cantina Cofradia Pescadores (Explanada del Puerto, €)* genießen. In Calp versteckt sich auch der kleinste Jazzspot der Welt: Rommy Baker's *Speakeasy (Carrio Alto 50-3F).* Hille und Rommy, die in ihrem Haus ein Jazzmuseum eingerichtet haben, freuen sich über Ihren Besuch *(Tel. 965 83 47 15, Mai–Aug. jeden So ab 11 Uhr Big Band Sessions und American Sounds).*

Auskunft: Oficina de Turismo: Avda. Ejércitos Españoles 44, Tel. 965 83 69 20, Fax 965 83 12 50

Guadalest
(mit Rundfahrt) [121 E4]

Von Calp über Xaló gelangt man zur Ctra. 3318, auf der man nach Süden den Pass ☼ *Coll de Rates* (780 m) erreicht. Der Blick reicht bis zum Meer, weitere Panoramen bietet die Fahrt nach *Tárbena* (700 Ew.). Auf der Fahrt nach *Callosa d'En Sarrià* (7700 Ew.) durchqueren Sie das Hauptgebiet des spanischen Mispelanbaus. Zuvor aber machen Sie Halt in Bolulla (280 Ew.). Ebenso wie Tárbena wurde der malerische Ort nach der Vertreibung der Morisken im Lauf des 17. Jhs. wieder bevölkert. 2 km vor Callosa biegen Sie rechts zu den *Fuentes del Algar* ab. Der Wasserfall ist ein schönes Ausflugziel, an dessen Fuß man baden kann.

Über die Ctra. 3313 gelangt man nach ★ *Guadalest* (160 Ew., 20 km nordwestlich). Nur zu Fuß gelangt man durch einen Tunnel in den Ort, den die Mauren im 11. Jh. hinter einem schroffen Felskamm anlegten. Nach Erdbeben 1644 und 1748 fast vollständig wieder aufgebaut, hat das winzige Bergnest seinen Reiz bewahrt. Von der ☼ *Plaza San Gregorio* gelangt man vorbei am neuen *Museo Orduña* (Stadtmuseum und Bibliothek) zum ☼ *Castillo San José*. Die Burg weist neben arabischen Bauteilen auch Anlagen des 16. Jhs. auf. Im Restaurant *Xorta (Ctra. De Callosa d'en Sarriá–Xorta, 1, Tel. 965 88 51 87, €)* können Sie sich mit Spezialitäten der Region verwöhnen lassen. Besuchen Sie in Benimantell den Tierpark *La Arca de Noé* (Arche Noah), der von einer internationalen Stiftung für bedrohte Arten unterhalten wird (siehe »Mit Kindern reisen«). Winzige Kunstwerke entdecken Sie im *Miniaturen-Museum*

BENIDORM

Guadalest, darunter eine Stierkampfarena im Stecknadelknopf oder einen Fußball spielenden Floh *(Avda. José Antonio s/n, Tel. 965 88 50 08, tgl. 10–18 Uhr).* Gleich um die Ecke sorgt das *Museum für mittelalterliche Folterkunst* für gepflegte Gänsehaut *(tgl. 10–21 Uhr).*

Auskunft: Oficina de Turismo, Avda. Alicante (Parkplatz), Guadalest, Tel. 965 88 52 89, Fax 965 88 53 85, Di geschl.

Auf der Rückfahrt nach Benidorm folgt man kurz hinter *Benimantell* dem Reklameschild zum Restaurant und Hotel *Trestellador (10 Zi., Tel. 965 88 52 21, www.paralelo40.org/trestellador, €),* in dem man eine köstliche Gemüsepfanne mit dem Namen *Jardín* serviert bekommt und in vollkommener Ruhe die Nacht verbringen kann. Die Weiterfahrt geht über die Ctra. 3313, mit tollen Blicken über *Chirles,* nach *Polop* (1900 Ew.). Aus 221 bronzenen Löwenköpfen (1700) sprudeln hier die *Chorros de Polop.* Von der Burgruine schweift der Blick über den hübschen Ort, über Orangenplantagen, Mispelhaine und Weingärten.

La Vila Joiosa (Villajoyosa) [121 E5]

Die Außenwände der Fischerhäuser von La Vila Joiosa (23 400 Ew., 10 km südlich) wurden nicht für die Touristen so lebhaft in Ocker, Blau und Gelb gestrichen, sondern damit die Fischer vom Meer aus den Hafen sichten konnten. Ein Spaziergang führt zu Resten der Stadtmauer und zur gotischen Pfarrkirche *Mare de Déu de la Assumpció.* Bei der *Playa de Torres* steht die *Torre de Hércules,* ein Turm aus römischer Zeit. Ein süßer Traum: das *Museo del chocolate (stdl. Führungen tgl. 9.30–17.30, im Sommer nur bis 11.30 Uhr, Eintritt frei, Pianista P. Soriano, 13, www.valor.es).*

Die Altstadt flankieren Hotels am 3,5 km langen, feinsandigen Strand. Hier landen jedes Jahr bei der *Fiesta de Moros y Cristianos* türkische Korsaren – wie damals, am 29. Juli 1538. Ein Traum von ei-

Einst von Christenkriegern, heute von Ausflüglern belagert: Guadalest

DÉNIA/BENIDORM

nem Küstenhotel: *El Montíboli* – Luxus in aller Stille *(53 Zi., Partida El Montíboli, s/n, Tel. 965 89 02 50, Fax 965 89 38 57, €€€).*

Auskunft: Oficina de Turismo, Costa del Mar, s/n, Tel. 966 85 13 71, Fax 966 85 29 47, www.villajoyosa.com

DÉNIA

[121 F3] Dénia (39 000 Ew.) wird das Tor zur Costa Blanca genannt. Das Höchste an der Stadt ist immer noch die Burg, die 58 m über dem lebendigen Hafen aufragt. Hotels gibt es in der Hauptstadt der Marina Alta viele, Hotelburgen jedoch nicht. Nach 20 km Sand- und Kieselstrand im Nordwesten markiert Dénia in Las Rotas den Übergang zu der felsigen, von Buchten und Stränden durchsetzten Küste bis Benidorm. In dem Quizspiel »Trivial Pursuit« wird Dénia als Stadt der *fiestas* geführt: Im Schnitt wird hier alle acht Tage gefeiert.

Eine iberische Siedlung liegt in 700 m Höhe auf dem *Montgó*. Dénia wurde von den Griechen um das 8. Jh. v. Chr. besiedelt.

Bunte Fassaden in La Vila Joiosa

SEHENSWERTES & MUSEEN

Von der ☼ Burg *(tgl. 10–13.30, 17–0.30 Uhr)* überblickt man den Golf von València. Hier oben befindet sich im *Palacio del Gobernador* aus dem 17. Jh. das *Museo Arqueológico (tgl. 10–13.30, 16–18.30, im Sommer bis 20.30 Uhr)*. Von Norden nach Osten zieht sich mit mehreren Wehrtürmen der Mauergürtel der maurischen Stadt bis zur heutigen Altstadt hinab. In deren weißen Gassen liegt die *Iglesia de Santa María* (18. Jh.), innen reich mit Azulejos verziert. Den Hafen teilen sich Sport- und Segelboote mit Fischerbooten und den Fährschiffen, die den Liniendienst nach Ibiza versehen. Bei den Patronatsfesten Anfang Juli wird die Hafenmauer zum Prüfstein für Mutige: *Bous a la Mar* ist die einzige Stierhatz in Spanien, bei der *toros* und *corredores* im Wasser landen.

ESSEN & TRINKEN

Die *gamba roja* aus Dénia ist bei Genießern ebenso berühmt wie der heimische Speisefisch *llandeta*. In Dénias Flaniermeile Marqués de Campo kommen Tapafreunde voll auf ihre Kosten, etwa im *Panterri* an der Ecke C/. Diana. Stets brechend voll ist zu Recht das *El Jamonal de Ramonet (Passeig del Salda, gegenüber vom Consum)*.

DÉNIA

El Poblet
Im Angebot ist immer Frisches aus dem Meer und auf Reis, dazu stets frische Saisongerichte. *Ctra. Las Marinas, km 3, Urb. El Poblet, 43, Tel. 965 78 41 79, außer im Sommer Mo geschl.*, €€€

El Raset
Fisch, Reis, Meeresfrüchte, Spanferkel. In der Altstadt über dem Hafen. *C/. Bellavista, 7, Tel. 965 78 50 40, Okt.–Juni Di geschl.*, €€

ÜBERNACHTEN

Hotel Buenavista
Mediterranes Traumhotel in stilvollem Landhaus mit Blick auf den magischen Montgó und das Meer. *17 Zi., Partida Tossalet, 82 (La Xara), Tel. 965 78 79 95, Fax 966 42 71 70*, €€€

Camping
Los Patos, an einem beliebten Windsurferstrand, *Ctra. Las Marismas, km 12, Tel. 965 75 52 93, ganzjährig*, €€); das Autokino 🏃 macht ihn zum Jugendtreff.

La Racona
Das vielleicht schönste Hotel nahe dem Strand und dem felsigen Taucherparadies der Playa de las Rotas. *11 Zi., 20 App., Ctra. Les Rotes, Camí Ample, 19, Tel. 965 78 79 60, Fax 965 78 78 61, www.hotel-laracona.com*, €€

Hotel Rosa
Komfortabel und gepflegt. 20 m zum Strand, mit Garten, Pool und Tennisplätzen. *31 Zi., 5 Suiten, C/. Congre, 3, Las Marinas, Tel. 965 78 15 73, Fax 966 42 47 74*, €€, Suiten €€€

FREIZEIT & SPORT

Bergsteigen/Wandern
Zwischen Alacant und Dénia fährt die Schmalspurbahn *El Trenet Senderista* (»Wanderbummelzug«). Für Wanderungen im »magischen« Naturpark ❂ *Sierra de Montgó* hält das *Centro de Información del Montgó (Torrecremada, C/. Ramón Ortega, Tel./Fax 966 42 32 05)* Karten und Verhaltensmaßregeln bereit. Einen Tag sollte man einplanen, um den Blick über die Küste zu genießen, eine iberische Siedlung und die *Cuevas del Agua* mit römischer Inschrift zu besuchen.

Golf
Ein 18-Loch-Platz ist der *Campo de Golf Oliva Nova (Ctra. Las Marinas, km 2, Tel. 962 85 76 66, Fax 962 85 76 67)*. Über 18 Löcher verfügt der *Club de Golf La Sella (Urb. La Sella, Jesús Pobre, Tel. 966 45 42 52, Fax 966 45 42 01)*.

Reiten
Reitausflüge in die Sierras – neben Tennis und Squash – bietet das *Center La Sella (Urb. La Sella, Jesús Pobre, Tel. 965 76 14 55)*.

Tauchen
Die Klippen der *Playa de las Rotas* sind ein beliebtes Tauchrevier. Anbieter: *La Marina de Reig, Ocio, Las Marinas, 239 b, km 3, Tel. 965 78 24 15*

AM ABEND

Das renovierte *Café Gourmand (Pasaje Femina/C/. Cop)* war in den 1960er-Jahren unter dem Namen *Café Pasaje* das vornehmste Café von Dénia. Ein Kabinett vergange-

DÉNIA/BENIDORM

ner Zeiten ist auch die Bar *Miguel Juan* in der *C/. Loreto.* Hier kann man im Interieur der 1960er-Jahre Rasierschaum ebenso kaufen wie ein Bierchen oder *vino* vom Fass trinken; am 🏃 Abend finden sich junge Leute ein. In den Straßen hinab zum Hafen und an den dortigen *explanadas* tummelt sich das Publikum in *cervecerías* und Cafés. Pubs und Diskos häufen sich im Bereich von *Las Marinas.*

AUSKUNFT

Oficina de Turismo
Pl. Oculista Buigues, 9, Tel./Fax 966 42 23 67, www.denia.net, Mo bis Fr 9–20, Sa 9–14, 16–20, So 10 bis 13, 16–20 Uhr

ZIELE IN DER UMGEBUNG

Cueva de las Calaveras [121 F4]
Die »Höhle der Totenköpfe«, eine Tropfsteinhöhle, ist an der Straße Dénia/Xàbia–Benidoleig (10 km südwestlich, westlich der Autobahn) zu besichtigen *(tgl. 9–20 Uhr).*

Gandia [121 E3]
Kilometerlange Sandstrände haben Gandia und Oliva zu einem Ferienzentrum gemacht. In Gandia (57 200 Ew., 21 km nordwestlich) sollte man sich den *Palau Ducal de los Borja (C/. Santo Duque, s/n, Mo–Sa 10–12, 18–19, So 10–12 Uhr)* der »Papstfamilie« Borja (Borgia) aus dem 15. Jh. ansehen.
Auskunft: Oficina de Turismo, C/. Marqués del Campo, s/n, Tel. 962 87 77 88, http://gandia.gandia.infoville.net

Pego [121 E3–4]
Im Schutz der Sierras hat sich 10 km landeinwärts das Sumpfgebiet *El Marjal* gebildet. Hier liegt Pego (9400 Ew.). Wie die kleine Stadt seit den Zeiten der Mauren vom Reisanbau lebt, zeigt das *Museo Etnológico (C/. Santo Domingo 5, Pego, Mo–Sa 8–14, So 10–13 Uhr).* Ende Juni kommt bei der *Fiesta de Moros y Cristianos* aus Anlass des Patroziniums die Riesenpaellera zum Einsatz. Empfehlenswertes Restaurant: *Bellavista* in der Urbani-

Endlose Orangenplantagen bei Gandia

DÉNIA

Stolze Yachten dümpeln im Hafen von Moraira

zación Montepego *(Crta. Pego–El Verger, Tel. 966 40 04 00, €€)*.

Auskunft: C/. Santo Domingo, 5, Casa de Cultura, Tel. 965 57 00 11

Els Poblets [121 F3]

Das Dorf (ein Zusammenschluss der Orte Setla, Mirrarosa und Miraflor) liegt 10 km östlich von Dénia im Hinterland des Kieselstrands Almadrava. Sehenswert der *Mirrarosa-Turm* (15. Jh.) und die Ausgrabungen einer Adelsvilla. Quartier: *Casa Mondial (7 Zi., Ptda. Barranquets, C./2, No. 2 A, Tel./Fax 966 47 53 43, €€)*. Essen Sie mit Spaniern im *El Poll* im Ortszentrum *(Tel. 966 47 45 80, €)*. *Auskunft: Oficina de Turismo, Avda. M. Vicent, 32, Tel. 966 47 53 52, Fax 966 47 53 60, touristinfo.elspoblets @turisme.m400.gva.es*

Xàbia (Jávea) [121 F4]

In der Küstenstadt (17 300 Ew., 11 km südöstlich) sind das *Castillo de San Juán* und die gotische *Iglesia de Bartolomé* (1513) interessant. Kunstgewerbe füllt die Gassen zum Ostermarkt. Das *Cap de Sant Antoni* kann man von der Straße nach Dénia anfahren, doch sein Reiz liegt in den Klippen, durch die ein abenteuerlicher Fußweg zu versteckten Buchten und Grotten führt (Zugang hinter dem Hafen). Während sich am Strand die Hotels drängen, ist das Luxushotel *Villa Mediterránea* der Ort für stille Genießer. Es liegt am Fuß des Berges Montgó in einem Jugendstil-Landsitz. Dank seines gepflegten Restaurants genießt es einen ebenso guten Ruf wie dank der Jazznächte am Pool – beides mit Traumblick über Stadt und Meer *(7 Zi., C/. León, 5, Ctra. Jávea–Jesús Pobre, Tel. 965 79 52 33, Fax 965 79 45 81, www.hotelvillamed.com, €€€)*.

Auskunft: Oficinas de Turismo, Playa del Arenal, Tel. 966 46 06 05; Pl. Almirante Bastarreche, 24 (am Hafen), Tel. 965 79 79 07 36

Hinter dem markanten *Cap (Cabo) de la Nao* ziehen sich Strände bis zum kleinen Seebad Moraira hin. Besonders schön ist im Nord-

DÉNIA/BE...

westen die *Playa de Portet*. Moraira ist eine lebhafte kleine Hafenstadt unter einer Burg und dem Wachturm 🔆 *Torre del Descubridor* aus dem 18. Jh. Das *Don Pedro* ist ein komfortables Aparthotel *(15 Zi., C/. Mar del Norte, 20, Urb. Costera del Mar, Tel. 966 49 03 51, Fax 966 49 03 50, €€)*. An der Straße Moraira–Calp liegt das Spitzenrestaurant der Costa Blanca: ★ *Girasol (km 1,5, Tel. 965 74 43 73, Sept.–Juni Mo geschl., www.restaurantegirasol.com, €€ – €€€)*.

Xaló (Jalón) [121 F4]

Das im Hinterland von Moraira liegende Tal mit dem Ort *Xaló* (27 km südwestlich) ist einen Besuch wert wegen der Pfarrkirche *Santa Maria*, der Wallfahrtskirche *Santo Domingo* und der Weingenossenschaft *Virgen Pobre*, wo ein guter Tropfen gekeltert und verkauft wird. Sie erreichen das Tal über die N 332, von der Sie bei Benissa nach Osten abbiegen. Jeden Sa ==Flohmarkt== auf dem Platz vor der Weingenossenschaft. *(Insider Tipp)*

Eine Oase er... ==botanischen Gar...== Xaló. Hier wach... Heilpflanzen. Sie können a... Kräuterpfad wandeln, Ökoprodukte kaufen und mit der »Gartenfee« Susanne Samjevski frühstücken. *Nur Sa/So, Eintritt 3 Euro; zwischen Benissa und Xaló, km 7, Hinweisschild*

Xàtiva (Játiva) [121 D3]

70 km westlich von Dénia liegt die »Stadt der Päpste«, in der die Kirchenoberhäupter Kalixt III. und Alexander VI. geboren wurden. Über der Stadt (26 000 Ew.) zwei Burgen: Vom 🔆 *Castillo Mayor* reicht der Blick über Orangenhaine, Stadt und Umland. Auf halbem Weg über der Stadt und dem Castillo Mayor liegt die 🔆 ==Hostería Mont Sant==, *(Insider Tipp)* ein stilvolles Landhaus (18. Jh.) mit guter Reisküche *(8 Zi., Ctra. Castillo, s/n, Tel. 962 27 50 81, Fax 962 28 19 05, €€)*.

Auskunft: *Oficina de Turismo, C/. Alameda Jaume I, 50, Tel. 962 27 33 46*

Intakte Natur

Das Naturschutzgebiet Montgó

Das Naturschutzgebiet Montgó bei Dénia, dem eine »magische« positive Erdstrahlung nachgesagt wird, beherbergt eine reiche Pflanzenwelt mit mehr als 600 Arten. Das Mittelmeerklima wird von trockenen Sommern und Niederschlägen zu Beginn des Herbstes bestimmt. An den Hängen wachsen Kermeseichen- und Stochatkrautgebüsch, an den Steilküsten leben Pflanzengemeinschaften, die mehr oder weniger salzverträglich sind. Besonders vielfältig ist die Fauna: An der Steilküste nistet u. a. die Weißkopfmöwe. An Felswänden sind Raben- und Greifvögel zu sehen. Hier leben Habichtsadler, Turm- und Wanderfalke sowie ein Uhupärchen. Gartenschläfer, Dachs, Ginsterkatze, Fuchs, Wiesel, Kröten und Reptilien haben hier einen Lebensraum gefunden.

ALACANT/ELX

Besuch bei einer alten Dame

Rund um die »Stadt des Lichts« blühte die Kultur der Iberer

Gegen echte Hitze hilft nur Weniges, eine kühle Brise vom Meer her etwa oder Schatten. Alacant (Alicante) hat sich für das Meer entschieden, während Elx (Elche) und Orihuela nichts weiter übrig blieb, als sich in den Schatten zu setzen – den der größten Palmenhaine Europas. Hier ist das Hinterland so heiß und trocken, dass Landwirtschaft im heutigen Ausmaß ohne Wasser aus Nordspanien undenkbar wäre. Nichtsdestoweniger war *L'Horta Alacantí* schon Jahrhunderte früher bewohnt als die Sümpfe von València. Funde aus der Gegend bezeugen die hohe Entwicklungsstufe der Kultur der Iberer, so die berühmte Steinplastik *Dama de Elche,* die in Madrid aufbewahrt wird, und der Goldschatz von Villena. Diese Kultur blühte neben der von Phöniziern und Griechen vor allem deshalb auf, weil die Iberer sich mit ihren Nachbarn zu arrangieren verstanden. Das ist bis heute alicantinische Lebensart. Nicht dass an dieser Küste rund um die »Stadt des Lichts« immer eitel Sonnenschein geherrscht hätte.

Eine Palme von kaiserlicher Erscheinung: die »Palmera Imperial« in Elx

Orihuela stritt mit Alacant lange um das Privileg, Hauptstadt der Provinz zu sein. Orihuela hatte das Nachsehen, doch tröstet seine Bewohner die Gewissheit, in der schönsten Stadt Spaniens zu wohnen.

ALACANT (ALICANTE)

 Karte in der hinteren Umschlagklappe

[123 F1] In Alacant (280 000 Ew.) bleibt nichts, wie es ist. Die Römer würden ihre »Stadt des Lichts« nicht einmal wiederfinden. Sie hatten *Lucentum* um 200 v. Chr. als Hafen für *Illici* (Elx) 4 km nordöstlich gegründet. Die Araber rückten die Stadt in den Schatten des Monte Benacantil – sofern man bei Alacant überhaupt von Schatten sprechen kann. Aber auch die Araber würden ihr *Al-Luqant* heute ebenso wenig wieder erkennen wie der Dichter Carlos Arniches, der hier 1866 geboren wurde und versicherte, man müsse Alacant gesehen haben, dann erst beginne man zu leben. Denn seit Alacant 1490 den Rang einer *ciudad* erhielt, hat die Stadt bis in die 1970er-Jahre die

ALACANT

Sanfter Wellenschlag, zum Mosaik gebändigt: die Explanada de España

Spuren ihrer Geschichte, soweit sie nicht bei Überfällen von der See her zerstört wurden, selbst getilgt. Aus der maurischen Festung unter der Burg wurde eine moderne Hafenstadt. Im *Barrio de Santa Cruz* gewinnt erst neuerdings die Sanierung die Oberhand über Spekulation und Verfall. Wie lange das noch dauern wird, lässt der Name des Sanierungsprogramms »Alicante 2020« ahnen, das Alacant in eine der schönsten Küstenstädte des Kontinents verwandeln soll. An seiner Seeseite fand Alacant längst zu sich selbst. Auf der *Explanada de España* genießen die Alicantiner die Sonne und das Meer.

SEHENSWERTES

Casco Antiguo

Alacant hat einen Punkt, auf den ganz Spanien schaut. Er liegt genau 3,407 m über dem Meeresspiegel und ist verbindlich für alle Höhenmessungen im Land. Auf diesen *Messpunkt* stößt man auf der rosa Marmortreppe des *Ayuntamiento*, des Rathauses. Das spätbarocke Gebäude wurde ab 1696 errichtet und ist Symbol des »neuen« Alacant. Das alte hatten am 22. Juli 1691 französische Schiffe in Schutt und Asche gelegt. Im Zentrum der Rathausfassade, von zwei rechteckigen, 35 m hohen Türmen flankiert, glänzt eine dunkelblaue Keramikkuppel. Beachtung verdient der *Salón Azul* mit seiner Spiegelgalerie *(Pl. Ayuntamiento, 1, Mo–Sa nach Anmeldung Tel. 965 14 91 00, www.alicante-ayto.es).*

Das Bombardement von 1691 hat nur die *Concatedral de San Nicolás de Bari* unversehrt überstanden. Das frühbarocke Gotteshaus von 1600 zeigt klare architektonische Formen. Das Kirchenschiff säumen 13 Kapellen. Die blau ge-

ALACANT/ELX

strichene Kuppel krönt eine Laterne mit Keramikdach. Sehenswert sind die restaurierten Altargemälde *(Pl. Abad Penalva, 1, 9–12.30, 18–20 Uhr)*. Die im 18. Jh. barockisierte *Iglesia de Santa María* wurde im Rahmen der Altstadtsanierung innen renoviert. Ansonsten ist die Altstadt reich an verträumten Gassen, frisch geweißelten wie auch bröckelnden Fassaden und Bilderbuchwinkeln wie dem *Barrio de Santa Cruz*.

Castillo de Santa Bárbara
Ein 800 m langer Rest der Stadtmauer verbindet das älteste Viertel der Stadt, das *Barrio de Santa Cruz*, mit dem *Castillo de Santa Bárbara*. An den Hängen des kahlen Berges wird derzeit der *Parque Ladera del Benacantil* angelegt, wobei auch die Stadtmauer als Zugang zur Burg erschlossen werden soll. Bis dahin ist der Lift vom *Paseo Gómiz (tgl. 9–18, im Sommer 10–20 Uhr)* der bequemste Weg zu der 209 m hoch gelegenen Burg. Sie überragt die Stadt auf einem Felsen, den der Volksmund *Cara del Moro* nennt: »Maurengesicht«. Ihr heutiges Aussehen bekam die Burg im 16. Jh., aus dem die *Garita de la Campana* stammt; dieses Wehrtürmchen auf der äußersten Ecke der Bastion ist das Wahrzeichen Alacants. Stets bieten sich neue Panoramablicke: über die Stadt, den Hafen und das gegenüberliegende *Castillo de San Fernando* (19. Jh.). Bis Ende 2005 sind auf der Burg rund 700 zeitgenössische Skulpturen aus der berühmten Capa-Sammlung ausgestellt.

Explanada de España
★ 6,6 Mio. Mosaiksteine aus rotem, weißem und schwarzem Marmor sind der Stolz und der Treffpunkt der Stadt. Verlegt wurde das 600 m lange Wellenmosaik der *Explanada de España* 1957 entlang dem Hafen. Hier schlürft man im Schatten hoher Dattelpalmen *horchata*, flaniert und verweilt, hört zu und erzählt, spielt *petanca* (Boccia), lauscht am Sonntag den Kapellen, die im *Templete de la música* konzertieren. Hier spielt man als Kind zwischen Palmen, saust als Jugend-

---

Marco Polo **Highlights** »Alacant/Elx«

★ **Explanada de España**
Auf 6,6 Mio. Mosaiksteinen spielt sich das Leben von Alacant ab (Seite 63)

★ **Museo de Alfarería**
Wer sich für Keramik interessiert, sollte in diesem Museum in Agost vorbeischauen (Seite 67)

★ **Burgenrundfahrt**
Elda, Petrer und Sax: drei Burgen, die man gesehen haben muss (Seite 67)

★ **Elx**
Die Palmera Imperial und das Misteri d'Elx sind zwei der Attraktionen dieser Stadt (Seite 70)

ALACANT

licher auf Inlinern vorbei oder schaut, gesetzter geworden, dem ganzen Treiben müßig zu.

Mit der Explanada de España hat Alacant seinen Hafen ins Herz geschlossen. Vor dem *Paseo Conde de Vallellano* schaukeln Yachten und Sportboote im *Real Club de Regatas*. Nur wenige Fischkutter liegen noch an der südlichen Mole. Zur *Pl. Puerta del Mar* hin legen Barkassen zu ◁▷ Kreuzfahrten durch die Bucht von Alacant ab. Die Explanada verbindet den alten Teil der Stadt mit dem neueren, führt vorbei an den bürgerlichen Vierteln der Jahrhundertwende zum modernen Alacant, das Sie von der *Pl. Canalejas* über die *Pl. Calvo Sotelo* erreichen. Die *Rambla Méndez Núñez* führt durch das Hauptgeschäftsviertel zum Jugendstilbau des *Mercado Central de Abastos*, der Markthalle.

MUSEEN

Museo Arqueológico
Archäologische Funde aus der Provinz. *Di-Sa 10-19, So 10-14 Uhr, Plaza Dr. Gómez Ulla, www.marqalicant.com*

Museo de la Asegurada
Stiftung des Malers Eugenio Sempere, eine Sammlung spanischer und internationaler Kunst des 20. Jhs. *Pl. Santa María, 3, Di-Sa 10-14, 17 bis 20, So 10.30-14.30 Uhr*

ESSEN & TRINKEN

El Bocaíto
Schon bei den *tapas* an der Bar wird der Hunger zum Fest, Gleiches gilt für den Speisesaal. *C/. Isabel la Católica, 22, Tel. 965 92 26 30, So geschl.,* €€

Dársena
◁▷ Klassiker der Reisküche mit hinreißendem Hafenblick. *Marina Deportiva, Muelle de Levante, 6, Tel. 965 20 75 89, So und Mo abends geschl.,* €€

Luis
In den 1980er-Jahren Vorreiter der neuen Bodega- und Barkultur, inzwischen ein kleines, feines Restaurant. *C/. Pedro Sebastiá, 7, Tel. 965 21 14 46, So und Mo mittags geschl.,* €-€€. Wegen ihres Käsesortiments ist auch die *Bar Luis (C/. Mayor, 27)* einen Besuch wert. [Insi Tip]

Mesón de Labradores
In der Altstadt eine der besten Tapa-Adressen *C/. Labradores, 19,* €

Nou Manolín
Vom Tapeo an der Bar bis zum ausgedehnten Essen im Speisesaal bekommt man hier alicantinische Küche vom Feinsten. *C/. Villegas, 3, Tel. 965 20 03 68,* €€-€€€

Playa de San Juan
🏃 Designertapas, die schöne, junge Leute anziehen; anziehen tun auch die Preise, was aber auch an den ausgesuchten Zutaten liegt: *La Tapería (Avda. Niza, 9, Tel. 965 16 04 14)* und *Los Charros (Avda. Bruselas, 10, Tel. 965 16 00 82)*.

EINKAUFEN

Im *Mercado Central de Abastos* macht's die Mischung aus frischem Angebot und ausgesuchten Delikatessen. Bei *Salazones Quintana (C/. Poeta Quintana, 40)* hält man *jamon ibérico* und andere *embutidos* bereit. Im Feinkostgeschäft *La Granadina* werden außer Weinen

ALACANT/ELX

aus der Rioja über 60 verschiedene Käsesorten angeboten *(C/. Gerona, 7)*. Für Keramik und Porzellan lohnt der Weg ins 20 km entfernte *Agost;* in Alacant wird man fündig bei *V. Pascual (C/. Alfonso el Sabio,15)*. Modegeschäfte gibt's im Viereck zwischen *Rambla Méndez Núñez, Avda. Maisonnave* und dem Meer: günstige Mode für Frauen bei *Zara (Avda. Maisonnave, 42 bis 46)*, für Männer bei *Massimo Dutti (C/. Teatro, 46)*.

ÜBERNACHTEN

Albergue Juvenil
Jugendherberge, komfortabel, praktisch, 25 Min. ins Zentrum. *180 Betten, Avda. Orihuela, 59, Tel. 965 11 30 44, Fax 965 28 27 54*

Camping El Molino
Stadtnah, an der Playa de San Juan. *710 Plätze, ganzjährig, Avda. De Elda, 35, Playa de San Juan, Tel. 965 65 24 80,* €€

Les Monges
Minipension in einem hundertjährigen Altstadthaus. Reservieren unerlässlich. *6 Zi., C/. San Agustín, 4, Tel. 965 21 50 46, Fax 965 14 71 89, www.lesmonges.net* €

Pueblo Acantilado
12 km vor den Toren von Alacant, bei El Campello. Der Hotel- und Appartementkomplex über dem Meer bildet ein einst typisches Dorf nach. *71 DZ, 48 App., Ctra. N 332, km 127, Tel. 965 63 81 46, Fax 965 63 81 47,* €–€€

Sidi San Juan
Alacants einziges Fünfsternehotel am Strand 5 km vor der Stadt.

Typische Hausfassade in Alacant

176 Zi., La Doblada, s/n, Tel. 965 16 13 00, Fax 965 16 33 46, www.hotelsidi.es, €€€

Tryp Gran Sol
Alacants höchstes Haus bietet aus den Zimmern einen prächtigen Blick. *148 Zi., Rambla Méndez Núñez, 3, Tel. 965 20 30 00, Fax 965 21 14 39,* €€€

SPANISCHKURSE

Im Sommer widmet sich die *Universität* verstärkt Sprachkursen *(Relaciones Exteriores, Campus de San Vicent, 5, Tel. 965 90 37 93, Fax 965 90 37 94, www.ua.es/en/internacional)*. Kurse bieten auch die *Escuela Oficial de Idiomas (Tel. 965 14 36 12, Fax 965 14 40 85)*

ALACANT

und das *Colegio de España (C/. Aspe, 31, Tel. 965 24 32 62, Fax 965 24 07 36)* an.

FREIZEIT & SPORT

Golf
Es gibt zwei 18-Loch-Plätze: *Club de Golf Bonalba, Muchamiel (Mutxamel), Tel./Fax 965 95 53 37; Alicante Golf*, hinter der Playa de San Juan, *Avda. del Parque, 139, Tel. 965 15 37 94, Fax 965 16 37 07*.

Segeln
Eine Segelschule betreibt der *Real Club de Regatas (Paseo Conde de Vallellano, s/n, Tel. 965 21 86 00)*.

Tauchen
Zum Tauchen und Tauchenlernen fährt *Aquaventura* von Alacant aus den Islote de Benidorm, Calp und Altea an *(C/. Devesa, 5, Tel. 965 24 31 90, Fax 965 24 31 90, www.aquaventura.com)*.

Wandern/Ausflüge
Das *Centro del Excursionista* organisiert Ausflüge zum Kennenlernen von Natur und Geschichte der Provinz *(C/. Olózaga, 3, Tel. 965 25 36 53)*. Auf Spaniens Berge hilft die *Federación Valenciana de Montañismo* hinauf *(C/. Mariano Luiña, 9, Elx, Tel. 965 43 97 47)*.

Die Schmalspurbahn zwischen Alacant und Dénia, *El Trenet Senderista*, bietet außer Juli bis Sept. Wanderausflüge mit Führer an. Merkblätter über Treffpunkte und Ziele liegen in den Bahnhöfen aus *(Estación de la Marina, Auskunft unter Tel. 965 26 27 31 und 965 87 85 15)*. An der Hafenmauer des *Paseo Conde de Vallellano* legen die Fähren zur *Insel Tabarca* ab.

Insider Tipp

AM ABEND

Barrio de Santa Cruz
Um die *Pl. Carmen* studentisches Nachtleben mit viel Livemusik. Am meisten besucht: *The Red Lyon (C/. San Isidro, 6)*, das *Celestial (C/. San Pascual, 1)* mit barockem Ambiente sowie das *Jamboree (C/. San José, 10)* mit Jazz und Blues. In der Bar *Desdén (C/. Labradores, 22)* werden die Drinks je nach Laune der Dekorateure auch mal aus einem Sarg serviert.

Dársenas
Dársena Interior nennt man den ursprünglichen Hafenbereich, der durch die neue äußere Mole weitgehend vom Fähr- und Güterverkehr entlastet wurde. Hier hat sich auf den Molen ein reges Nachtleben angesiedelt. Auf der *Muelle de Levante (s/n)* tanzt man Samba im *Capitán Haddock* oder im *Tropiscafo*, Kuba erlebt man live im *Guaracha* auf der *Muelle de Poniente*.

Paseo Gadea und Explanada de España
Als Pub und Café sind das *Pachá (Explanada de España, Ecke Pl. Canalejas)* oder das *Gran Café (C/. San Fernando, Ecke Lanuza)* ideale Treffpunkte. Im *Bugatti (C/. San Fernando, 37)* geben sich Junge und jung Gebliebene die Diskotür in die Hand. Der *Z Klub (C/. Colomer, 3, Ecke San Fernando)* ist ein Tempel der House Music.

Playa de San Juan
Trotz der Konkurrenz durch die Hafenmolen verlagert sich das nächtliche Treiben im Sommer massiv an Alicantes Hausstrand. Man trifft sich zu Tapas etwa im *La*

ALACANT/ELX

Bodegueta (Ctra. de Benimagrell, 4, Playa Muchavista), um dann beim Drink im *Agustito Playa (Avda. De Niza, 12)* oder im *Tobago Beach (Playa de Muchavista)* die kühle Meeresbrise zu genießen.

AUSKUNFT

Oficina de Información
Rambla Méndez Núñez, 23, Tel. 965 20 00 00, Fax 965 20 02 43, Mo–Sa 10–20 Uhr, www.alicantetu rismo.com

ZIELE IN DER UMGEBUNG

Agost [123 E1]
Die tonhaltigen Böden der Sierra del Ventós und der Sierra del Castellar sind der Reichtum von Agost (4050 Ew., 18 km nordwestlich). In zwölf *fábricas* wird noch an der Töpferscheibe gedreht und nach arabischem Vorbild gebrannt. Einen Überblick über die Töpferei bietet das ★ *Museo de Alfarería,* mit dem Ilse Schütz seit 1981 zur Pflege dieser Tradition beiträgt *(C/. Teulería, 11, Di–Sa 11–14, 17–20, So und Okt.–März nur 11–14 Uhr, www. agost.com)*. Zum Museum gehört ein Geschäft, in dem Sie Stücke aus den lokalen *fábricas* kaufen können.

Biar [120 C5]
Die *Burg* von Biar (3600 Ew., 60 km nordwestlich) birgt im Inneren *almohadische Gewölbe.* **Insider Tipp** Im Ortskern zieht abends die Jugend durch Bars und Cafés. Modern und wohnlich ist das Hotel *Vila de Biar* in einem alten Adelshaus *(42 Zi., C/. San José, 2, Tel. 965 81 13 04, Fax 965 81 13 12, €€)*. Die Jugendherberge *Albergue Juvenil (68 Betten, Tel. 965 81 08 75)* organisiert auch Burgenrundfahrten.

Burgenrundfahrt [120 C5]
★ In *Elda* (55 600 Ew., 33 km nordwestlich), *Petrer* (26 200 Ew.)

Ideal für einen Sundowner: Abendstimmung über dem Hafen von Alacant

ALACANT

Santuario de la Magdalena

und *Sax* (8640 Ew.) liegen auf kahlen Hügeln drei markante Burgen. Die von *Petrer* wurde in den 1980er-Jahren restauriert, wobei ein unterirdischer Gang zugänglich gemacht wurde. Das *Museo Arqueológico* in *Elda* zeigt Funde aus prähistorischer, iberischer und römischer Zeit *(Casa de la Cultura, C/. Príncipe de Asturias, 40, tgl. 9–14, 17–20 Uhr, Aug. geschl.)*.

Monòver (Monóvar)   [120 C6]
Malerisch unter der blauen Kuppel der *Ermita de Santa Bárbara* liegt die kleine Stadt Monòver (12 100 Ew., 38 km westlich), Geburtsort des Schriftstellers José Martínez Ruiz, genannt Azorín (1874–1967), dem ein kleines Museum gewidmet ist *(C/. Salamanca, 6, Mo–Fr 10–14 Uhr)*. Während etwas weiter südlich Tafeltrauben angebaut werden, beginnt hier die wichtigste Weinbauregion der Provinz Alacant, die von Villena bis Jumilla reicht. Außer gepflegten Monastrellweinen kann man in der *Bodega Salvador Poveda (C/. Benjamín Palencia, 19) fondillón* kaufen, einen 20 Jahre im Fass gereiften, hochprozentigen Wein. Ein gutes Restaurant: *Xiri (Parque Alameda, s/n, Tel. 965 47 29 10, So abends und Mo geschl., €€)*. Etwas günstiger ist das Restaurant *Elías (Chinorlet, 11 km entfernt, C/. Rosales, 7, Tel. 966 97 95 17, nur mittags, im Sommer So geschl., €)*.

Novelda   [120 C6]
Die Mitte des 19. Jhs. dank ihrer Marmorindustrie und dem Anbau feiner Tafeltrauben reich gewordene Stadt (23 100 Ew.) liegt 25 km westlich am heute weitgehend trockenen Río Vinalopó. Safran wird hier zwar nicht mehr angebaut, doch die Ernten aus der Mancha und Aragonien werden über Novelda in die ganze Welt vertrieben. Ein Spaziergang führt an Jugendstilhäusern vorbei zur *Casa Museo Modernista,* einem Jugendstilmuseum voller Sammlerstücke *(C/. Mayor, 24, Sa nur vormittags, So und im Aug. geschl.)*. Auskunft: im Rathaus (Ayuntamiento), Pl. España, 1.

3 km nordwestlich von Novelda wird derzeit das *Castillo de la Mola* mit seinem dreieckigen Wehrturm aus dem 14. Jh. restauriert. Von 1918 bis 1945 wurde hier die Jugendstilkirche *Santuario de la Magdalena* gebaut, die Gaudís *Sagrada Família* in Barcelona ähnelt.

Torrevieja   [123 E3]
Zur Touristenhochburg an der südlichen Costa Blanca hat sich in den letzten Jahren Torrevieja (50 km südlich von Alacant) gemausert. Be-

ALACANT/ELX

kannt wurde die Stadt durch ihre Salinen und den Abbau von Salz. Die Produktion beträgt im Jahr ca. eine Mio. Tonnen. Auch die heilbringenden Kräfte des Salzes locken jedes Jahr viele Touristen an. Dazu kommt das hervorragende Klima. Die international bekannten Wettbewerbe der *habaneras*, der Karneval, die *Semana Santa* und die örtlichen Fiestas ziehen jedes Jahr Tausende von Touristen und Einheimischen in ihren Bann.

Der *Real Club Naútico Torrevieja* ist die Adresse für Segelsportler *(Tel. 965 71 36 50)*. Das *Museo del Mar y de la Sal* zeigt die vom Meer und vom Salz geprägte Geschichte der Stadt *(C/. Patricio Pérez, 10, Di–Sa 10–13.30, 17–21, So 10 bis 13.30 Uhr)*. Einen Besuch wert ist auch das *Museo de la Semana Santa Tomás Valcarcel (C/. Formentera s/n, Mo–Sa 10–13, 17–21 Uhr)*.

Wenn der Hunger kommt, ziehen Sie ins *Restaurante Bahía (Avda. De la Libertad, 3, Tel. 965 71 39 94, Mo. geschl., €€)*. Wer Tapas liebt, kommt am *El Tiburón (Pl. Waldo Calero, 5, Tel. 965 71 00 05, €)* nicht vorbei. Für Nachtschwärmer ist die Disko *Kko (Polígono Industrial Casagrande)* ein absolutes Muss.

Topadresse für die Übernachtung: das Aparthotel *Lloyd's Club* am Strand la Mata *(25 App., 3 Zi., Avda. De los Holandeses, 2, Tel. 966 92 00 00, Fax 966 92 01 43, www.costablanca.org/lloydsclub.asp, €€€)*. Campingplatz: *Florantile, Ctra. Torrevieja–San Miguel de Salinas, km 7, Tel. 965 72 04 56, Fax 966 72 32 50*

Auskunft: *Oficina de Turismo, Pl. Ruiz Capdepont, s/n, Tel. 965 70 34 33*

Villena [120 C5]

Insider Tipp

Der bronzezeitliche Goldschatz von Villena, bestehend aus 60 goldenen Stücken und mehreren Stücken aus Silber, Bronze und Eisen, wurde 1963 gefunden und ist im *Museo Arqueológico* zu bewundern *(Pl. Santiago, 1, Di–Fr 10–14, 17–20, Sa/So 11–13.30 Uhr; www.museovillena.com)*.

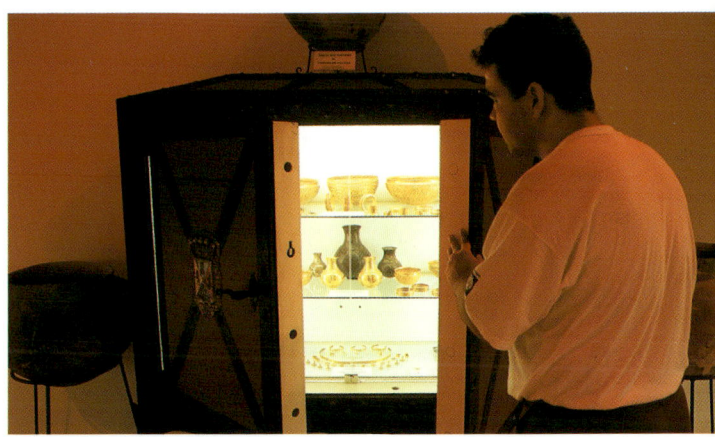

Gut behütet: der Goldschatz von Villena im Museo Arqueológico

ELX

Villena (31 600 Ew., 50 km nordwestlich) war bis 1836 Hauptstadt dieses Bezirks im kastilisch-valencianischen Grenzland. Von ihrer Bedeutung zeugt das mächtige ↘︎ *Castillo de la Atalaya* auf dem *Monte de San Cristóbal,* von wo aus man die Stadt und das Valle del Vinalopó überblickt (für Innenbesichtigung Schlüssel im *Ayuntamiento, Pl. Santiago, 2*). Die Gewölbe der spätgotischen *Iglesia de Santiago* ruhen auf elegant gewundenen Säulen. *Auskunft: Oficina de Turismo, Pl. Santiago, 5, Tel. 965 80 38 04*

Gute Weine der Region führt die *Bodega Selección (Avda. Constitución, 222).* Das Hotel *Salvadora* ist einfach, aber ansprechend *(42 Zi., Avda. Constitución, 102, Tel. 965 80 00 11, Fax 965 81 34 66, www.hotelsalvadora.com, €).*

Xixona (Jijona) [121 D5]

Türkischem Honig ähnlich ist die Süßigkeit *turrón*. Die Ruine einer maurischen Burg über der Stadt (7850 Ew., 25 km nördlich) bezeugt, aus welcher Zeit die Rezepte sind. In zahlreichen Fabriken an der N-340 kann man das feine Mandelgebäck kaufen. Auch ein Museum ist ihm gewidmet: das *Museo del Turrón (Ciutat del Turró, Sector 10–2, Mo–Fr 10–19, Sa/So 10–13 Uhr, www.museodelturron.com).*

ELX (ELCHE)

 **Karte in der hinteren Umschlagklappe**

[123 E1] ★ Die Stadt (192 500 Ew.) hat gewissermaßen 400 000 Einwohner. Mehr als die Hälfte von ihnen sind Palmen, die von den *Ilicitanos* wie Mitbürger verehrt werden. Vor Jahrzehnten wurden noch 300 000 *palmeras* gezählt, doch das Zentrum der Schuhfabrikation ist kräftig auf Kosten des Palmenwaldes gewachsen. Schon Motive iberischer Keramik aus *La Alcudia,* einer archäologischen Stätte 2 km südlich der Stadt, zeigen geflügelte Wesen mit Palmwedeln. Ausgrabungen lassen vermuten, dass die *Phoenix dactylifera* hier die Eiszeit überstanden und schon eine Rolle im Leben der Iberer spielte, als der Río Vinalopó so viel Wasser führte, dass er hier eine Lagune bildete. Die Karthager zerstörten das griechische Helike um 230 v. Chr., und im 2. Jh. v. Chr. gründeten die Römer *Illici*. Die Araber zogen im 8. Jh. mit der Stadt an deren heutigen Standort um und machten die *palmerales* zu einem schattigen Wald jenseits der Stadtmauer. Die größte Ehre, die Elx zu vergeben hat, ist es, Palmen Ehrenbürgern zuzuordnen: Francisco Sánchez alias Tío Pepe, verstorbener Gärtner des *Huerto del Cura,* und die berühmte Wittelsbacherin Elisabeth, genannt Sissi, zählen zu den Erwählten.

SEHENSWERTES

Baños Árabes

Insider Tipp!

Im *Convento de la Merced* blieben die Reste eines arabischen Badehauses aus dem 12. Jh. erhalten. Neben den *Baños del Almirante* von València das einzige erhaltene arabische Bad der Region. *Passeig de les Eres de Santa Lucía, 13, Di bis Sa 10–13.30, 16.30–20, So 10.30–13.30 Uhr*

Basílica de Santa María

Unter der blauen Keramikkuppel der barocken Basilika aus dem

ALACANT/ELX

17. Jh. findet am 14./15. August ein Wunder statt: das berühmte *Misteri d'Elx.* An einem 29. Dezember des 13. Jhs. wurde das Marienbild gemäß der Legende in einer Kiste an die Küste nahe Elx gespült, zusammen mit der Partitur des Singspiels und der Nachricht: »Ich bin für Elx.« Nach neueren Erkenntnissen geht das *Misteri,* kurz *La Festa* genannt, auf das 15. Jh. zurück. Papst Urban VIII. gab der volksnahen Darstellung des Marientodes – die Ilicitaner sprechen von *dormición,* »Entschlafen« – und der Krönung der Himmelskönigin 1632 seinen Segen. 1673 wurde mit dem Bau der Basilika begonnen, einem der schönsten barocken Gotteshäuser der Levanteküste, in dessen Kuppel das Marienbild hinaufschwebt, um unter Tränen und Vivatrufen der Gläubigen gekrönt zu werden. Das Portal schuf der Straßburger Bildhauer Nicolaus Bussi. Der massive, quadratische Turm *(tgl. 11–18 Uhr)* ist 37 m hoch und bietet einen guten Rundblick. *Pl. Santa María, tgl. 8–14, 17 bis 20 Uhr, zwischen den Messen*

La Calaforra

Der ursprünglich 30 m hohe Turm war der herausragendste Teil der arabischen Stadtburg, zu der auch der *Palacio de Altamira* gehört. 1829 blieb nach einem Erdbeben der immer noch 15 m hohe Rumpf übrig. *C/. Uberna, Mo geschl.*

Calendura und Calendureta

Seit 1759 schlagen diese beiden Holzfiguren mehr oder minder präzise die Viertel- und die ganzen Stunden. Sie wohnen in einem kleinen Turm im nordwestlichen Winkel der *Pl. Mayor.*

Sissi-Büste im Huerto del Cura

Huerto del Cura und Palmenhaine

Ein unvergessliches Erlebnis ist ein Spaziergang durch den *Palmeral de Europa* bei Sonnenaufgang. So wird der größte Palmengarten des Kontinents allerdings nur in Prospekten genannt – für die *Ilicitanos* sind die rund 200 000 Dattelpalmen in privaten und öffentlichen Gärten, in Parks und entlang des Río Vinalopó schlicht ihre *palmerales.* Auf bis zu 300 Jahre soll es eine *palmera* bringen können. Im Huerto del Cura steht die siebenstämmige *Palmera Imperial,* die 1894 der Kaiserin Elisabeth von Österreich so gefiel, dass sie seither »Kaiserpalme« genannt wird. Dieser private *palmeral* ist 13 000 m² groß und birgt außer Palmen und tropischen Pflanzen ei-

ELX

> ### Die MARCO POLO Bitte
>
> Marco Polo war der erste Weltreisende. Er reiste in friedlicher Absicht, verband Ost und West. Er wollte die Welt entdecken, fremde Kulturen kennen lernen, nicht zerstören. Könnte er heute für uns Reisende nicht Vorbild sein? Aufgeschlossen und friedlich sollte unsere Haltung auf Reisen sein. Dazu gehören auch Respekt vor Mensch und Tier und die Bewahrung der Umwelt.

nen Kakteengarten *(Puerta de la Morera, 47, 9 Uhr bis Sonnenuntergang)*. Im Norden schließt der *Parque Municipal* den Kreis der *palmerales* um die Altstadt.

MUSEEN

Museo de la Alcudia
Funde aus iberischer und römischer Zeit aus *La Alcudia*, dem antiken Vorgänger von Elx. Beachtenswert die »Schwester« der *Dama de Elche*, hier das Original einer thronenden Figur. Der fehlende Kopf und eine Schulter wurden in Grundzügen nachmodelliert. *C/. Alzabaras Baix, 138, P-1, Nr. 138, Okt.–März Di–Sa 10–17, April–Sept. 10–14, 16–20, ganzjährig So 10–14 Uhr*

Museo Arqueológico
Im *Palacio de Altamira* (15. Jh.) Funde aus allen Epochen. Außer der Kopie der *Dama de Elche* sind die *bichas*, iberische Tierskulpturen, sehenswert. *Pl. Mayor, s/n, Di bis Sa 10–13, 16.30–20, So 10–13 Uhr, www.culturelx.com*

Museo de la Festa
Museum für das *Misteri d'Elx* in der *Ermita de San Sebastián*. *C/. Mayor de la Villa, 25, Di–Sa 10–13, 16.30 bis 20.30, So 10–13 Uhr*

ESSEN & TRINKEN

Els Capellans
Der schönste Ort in Elx, um im Sommer gepflegte Küche zu genießen, ist unter den Palmen auf der Terrasse dieses Restaurants, das zum Hotel *Huerto del Cura* gehört. Moderne Küche mit baskisch-kantabrischem Einschlag. *Puerta de la Morera, 14, Tel. 966 61 00 11, €€*

Mesón Casa Antonio
Erstklassige Tapas nach einheimischer Art. *C/. Pepe Ibarra, 6, €*

Mesón El Granaino
Der beste Tapa-Tresen der Stadt. Levantinische und andalusische Küche mit Niveau. *C/. José María Buch, 40, Tel. 965 66 40 80, So geschl., €–€€*

EINKAUFEN

Zum Palmsonntag wird aus gebleichten Palmwedeln filigranes Flechtwerk hergestellt. Dann sitzen die *trenzadoras* an der *Pl. Rei Jaume*, wo man um diese Zeit Palmzweigerzeugnisse erstehen kann. Auch im *Huerto San Plácido (Puerta de la Morera, s/n)* gibt es *trenzado de palma blanca*, ebenso Datteln aus dem *palmeral*. Keramik ist bei

ALACANT/ELX

Albarranch in der *C/. Doctor Jiménez Díaz* empfehlenswert. Günstige Schuhe aus lokaler Produktion hat *Salvador Artesanos (Ctra. Murcia–Alacant, km 53)*.

ÜBERNACHTEN

Hostal Candilejas
Gepflegt, mit Klimaanlage. *24 Zi., C/. Doctor Ferrán, 19, Tel. 965 46 65 12, Fax 965 46 66 52, €*

Huerto del Cura
Bezauberndes Hotel der Luxusklasse. *77 Zi., C/. Porta de la Morera, 14, Tel. 966 61 00 11, Fax 966 61 20 60, www.huertodelcura.com, €€€*

El Pinet
Sonne, Strand und Elx kann man auf diesem Campingplatz bei La Marina verbinden. *1600 Personen, Ctra. N 332, La Marina–Playa El Pinet, km 26, Tel. 965 41 91 48, www.costablanca.org/elpinet.asp, €€*

FREIZEIT & SPORT

Ballonfahrten
Für Schwindelfreie der schönste Blick über Elx und Umgebung. *Servicios Aerostáticos, Tel./Fax 966 63 74 01 und 646 79 87 86, Mai bis Sept. tgl., ab 5 Personen, Treff gegen 7.30 Uhr*

Golf
Zwei 18-Loch-Plätze: *Golf Country Club de La Marquesa, Avda. Justo Quesada, Rojales (19 km südlich von Elx), Tel. 966 71 42 58, Fax 966 17 42 67*; *Real Club de Golf Campoamor, Ctra. Torrevieja–Cartagena, km 9, Orihuela, Tel. 965 32 01 04, Fax 965 32 24 54*

Río Safari
In einem Palmengarten können Sie sich auf Kanälen mit dem Boot an Löwen und Krokodile heranpirschen. *Ctra. Santa Pola, km 4, Tel. 966 63 82 88, tgl. 10.30–21 Uhr*

AUSKUNFT

Oficina de Turismo
Parque Municipal/Portel de Granyana, Tel. 965 45 27 47, www.ayto-elche.es, Mo–Fr 9.30–14.15, 16.15 bis 17.45, Sa/So 10.15–13.15 Uhr

ZIELE IN DER UMGEBUNG

Orihuela [123 D2]
Die Kreishauptstadt (51 400 Ew., 35 km südwestlich) der Vega Baja del Segura blickt auf eine 2000-jährige Geschichte zurück. Von den Römern *Aurariola*, von den Mauren *Origuela* genannt, war die ausnehmend schöne Stadt 1564 bis 1975 Bischofssitz. In der unscheinbaren Ruine der *Burg* auf der *Sierra de Orihuela* über der vom Río Segura begrenzten Altstadt verschanzte sich 713 der Westgotenfürst Theodomir mit seinem abgekämpften Heer und verkleidete der Legende nach alle Frauen als Soldaten, um die arabischen Belagerer zu täuschen. So gelang es Theodomir, als Vasall der Mauren die Gegend bis Alacant zu beherrschen. Eine neue Blüte erlebte die Stadt ab dem 14. Jh. Die Kathedrale *El Salvador* hat außer zwei gotischen Portalen ein beeindruckendes Renaissanceportal auf der Nordseite. Das *Museo Diocesano de Arte Sacro (S.I. Catedral, tgl. 10.30–13.30, 16–18.30, im Sommer 17–19.30 Uhr)* zeigt das Gemälde *Die Versuchung des hl. Thomas von Aquin* von Velázquez. Vom

ELX

❧ *Seminario Diocesano de San Miguel* bietet sich ein schöner Blick über die Altstadt. Rechter Hand ragt der gotische, mit Wasserspeiern gezierte Turm der *Iglesia de las Santas Justa y Rufina* auf. Weiter rechts versteckt sich die gotische *Iglesia de Santiago,* in der eine Figurengruppe der Hl. Familie von Salzillo steht. Das *Museo de la Semana Santa (Pl. de la Merced, 1, Mo–Fr 10–13, 16–19, Sa 10–13 Uhr)* bewahrt die *pasos* auf, jene Figurengruppen, die bei den Karprozessionen durch die Stadt getragen werden. Eine von ihnen darf auf päpstliche Anordnung nicht in die Kathedrale gelangen: *Insider Tipp* La Diablesa. Die Skulptur zeigt den Triumph des Himmelreichs über Tod und Sünde, repräsentiert von einer diabolischen Frauengestalt. Der *Palmeral de San Antón* im Nordosten der Altstadt ist der bedeutendste nach denen von Elx. Das *Museo de la Reconquista (C/. Francisco Die, 25, Mo–Fr 11 bis 13, 17–19 Uhr)* ist der *Fiesta de Moros y Cristianos* gewidmet. Einkehren können Sie im Restaurant *Corro (Avda. Doctor García Rogel, 20, Tel. 965 30 29 63, €)* oder im Hotel *SH Palacio de Tudomir (C/. Alfonso XIII, 1, Tel. 966 73 80 10, Fax 966 73 80 70, www.sh-hoteles.com, €€€)*. *Insider Tipp* Süße Köstlichkeiten backen die Ordensschwestern des *Monasterio de la Santísima Trinidad (Pl. Trinidad). Auskunft: Oficina de Turismo, Palacio de Rubalcava, C/. Francisco Die, 25, Tel. 965 30 27 47, Mo–Fr 8–15 Uhr*

Santa Pola [123 F2]

Die Fischerstadt (17 500 Ew., 15 km südöstlich) war einst ein wichtiger römischer Hafen und unter dem Namen *Portus Ilicitanus* Elx' Tor zum Mittelmeer. Rund um die *Burg* aus dem 16. Jh., in der ein *Archäologisches Museum* und ein *Aquarium* untergebracht sind *(Sa nachmittags und So geschl.)*, und entlang der *Playa Lisa* geht es in Bars und Cafés lebhaft zu. In den *Salinas de Santa Pola* werden jährlich 100 000 t Salz abgebaut, zum ökologischen Nachteil der Lagune, in der auch Flamingos zwischenlanden. Der *Club Náutico* am Hafen *(Tel. 965 41 24 03, www.cnauticosantapola.com)* bietet alles für den Wassersport. Vielseitig ist das Hotelrestaurant *Polomar (69 Zi., Playa de Levante, Tel. 965 41 32 00, Fax 965 41 31 83, €€).*

Auskunft: Oficina de Turismo, Pl. Diputación, 6, Tel. 966 69 22 76

Das kommt mir Spanisch vor

Geschichten zum Schmunzeln

Was hat die Karwoche in Málaga mit Kölnisch Wasser zu tun? Wie probte Kaiser Karl V. seine eigene Beerdigung? Warum wurde im Land València eine Schneesteuer erhoben? Wer dies wissen und insgesamt 27 »Spanische Geschichten zum Schmunzeln« lesen möchte, der sollte sich das gut 150 Seiten starke Taschenbuch zulegen. Der Lesespaß von Franz Handlos kostet 9 Euro und ist zu bestellen übers Internet *(www.cbn.es).*

ALACANT/ELX

Sahara am Meer – die Dünen von Guardamar del Segura

Tabarca [123 F2]
Auf der Insel Tabarca ist alles verboten: Zelten, Bauen, Wasserski fahren. Dennoch stürmen täglich Hunderte von Ausflüglern die 1800 m lange, 400 m breite und einzige bewohnte Insel (40 Ew.) der Region. Seit hier 1768 Genueser angesiedelt wurden, hat sich die Insel kaum verändert. Reste der Stadtmauer ragen auf, weiße Häuser scharen sich um die *Iglesia de San Pedro*. Zahlreiche *chiringuitos* bereiten am Strand frisch Gefangenes zu. Am schönsten ist Tabarca, wenn das letzte Schiff abgelegt hat. Diese Ruhe kann genießen, wer im einzigen Hotel reserviert, der *Casa del Gobernador (14 Zi., C/. Arzola, s/n, Tel./Fax 965 11 42 60, €€)*. Fähren ab *Alacant* und *Santa Pola (Tel. 966 69 22 76)*.

Vega Baja del Segura [123 E2–3]
An die Lagunen von Santa Pola schließt sich das Mündungsgebiet des Río Segura an. In den berühmten Dünen rund um den Badeort *Guardamar del Segura* (7450 Ew., 28 km südlich) wurde 1997 ein Zaun errichtet. Hier stießen Archäologen auf die Überreste der größten phönizischen Stadt an der europäischen Küste, die vermutlich aus dem 7. Jh. v. Chr. stammt. Das *Museo Arqueológico (C/. Colón, 46, Mo–Fr 10–14, 17–19, Sa 10.30–14 Uhr)* zeigt Funde aus iberischen Siedlungen und der *Rápita Califal*, einem Ensemble von Moscheen, die hinter den Dünen zum Vorschein kamen. Trotz der Funde bleibt Platz für Campingplätze *(580 Personen, Juni–Sept., Palm Mar, Ctra. Alacant–Cartagena, km 36,5, Tel./Fax 965 72 80 73, €€)* an feinsandigen Stränden bis hinab nach Torrevieja. Während sich um den Sporthafen und die nahen Strände Hotelburgen türmen, liegen an der übrigen Küste diskrete Hotels wie das *Montepiedra (64 Zi., C/. Saavedra Fajardo, 1, Dehesa de Campoamor, Tel. 965 32 03 00, Fax 965 32 06 34, €–€€)*.

Auskunft: *Oficina de Turismo, Guardamar del Segura, Pl. de la Constitución, 7, Tel. 965 72 44 88, Fax 965 72 72 92, www.guardamar.net*

Murcia/Costa Cálida

Spaniens heiße Küste

Wo Regen ein Fremdwort ist und unter jedem Stein Geschichte liegt

Die Tiefdruckwirbel der Balearen regnen sich am Betischen Gebirge ebenso ab wie atlantische Tiefdruckausläufer. Nach einem unverhofften Gewitterguss können hier Jahre bis zum nächsten vergehen. Nennenswerte Niederschläge fallen nur in den bis zu 2081 m hohen Sierras bei Caravaca de la Cruz. Weil die Region so trocken ist, kommen viele gerade deshalb: Sie lassen es sich in Thermalbädern wie Archena und Fortuna gut gehen. Dasselbe tun Hunderttausende rund um Europas größte Badewanne, das Mar Menor, das für sein jodhaltiges Wasser berühmt ist. Abseits von La Manga trifft man auf die *Costa Cálida* (»Heiße Küste«). Sie ist ein Paradies für Taucher und bietet feinsandige Strände zwischen bizarren Klippen. Das Hinterland haben Berg- und Schiffbau seit der Antike kahl zurückgelassen. Unter jedem Stein liegt Geschichte. Phönizier, Griechen und Römer schürften hier Kupfer, Zinn und Silber; um die Wende zum 20. Jh. erlebte der Bergbau einen neuen Boom. Die Araber machten das trockene Land urbar. Bis ins späte Mittelalter produzierte Murcia Baumwolle und Seide. Dank Wasserlieferungen aus Zentralspanien zählt die Region heute zu den führenden Gemüseexporteuren.

Fassadenschmuck in Moratalla

Costa Cálida

[122–123 B–D 5–6] Kaum hat man den Rummel des Mar Menor und das geschäftige Cartagena hinter sich gelassen, gelangt man an eine Küste, wo skurrile Klippen, schwarze Riffe, gelbe und weiße Strände sich abwechseln, die man fast ganz für sich hat. Außer Tauchfreaks und Surfern kommen überwiegend Einheimische aus der Huerta und aus Murcia hierher: rund 60 km »heiße Küste«, an der man keinen Luxus erwarten darf, jedoch vor Touristennepp weitgehend sicher ist.

Raue Felsenküste an der Costa Cálida

COSTA CÁLIDA

ZIELE AN DER COSTA CÁLIDA

Águilas [122 B6]

Die Hafenstadt (26 500 Ew.) unter dem *Castillo de San Juan* hat sich zu einem bescheidenen, aber angenehmen Touristenort entwickelt und ist ein Zentrum für den Bootsbau. Ins Auge fallen außer den Hotels die hellen Gerippe der Schiffsrümpfe am Hafen. Ein weiterer Blickfang ist der *Puerto del Mineral,* eine imposante Stahlkonstruktion, von der früher Erz verladen wurde.

Die *Playa de la Calabardina* im Norden verliert wegen fehlender Infrastruktur immer mal wieder ihre blaue EU-Fahne, was aber nicht gegen die Wasserqualität spricht. Sandstrände wechseln hier mit Formationen aus Kalkstein und sandigem Erdreich ab, aus dem der Wind bizarre Formen bildet, wie z. B. jene der *Cuatro Calas.* [Insider Tipp] Zum Essen und Schlafen ist *El Paso* auf halbem Weg zur Playa de la Calabardina eine sichere Adresse *(24 Zi., C/. Cartagena, 13, Tel. 968 44 71 25, Fax 968 44 71 27, €).* Stilvoll ist *Al Sur (8 Zi., C/. Torre de Cope, 24, Calabardina, Tel./Fax 968 41 94 66, €€).* Die Jugendherberge hat nur wenige Plätze zur Verfügung: 🏃 ⚜ *Albergue Juvenil de Cala Reona (82 Betten, Ctra. Águilas–Vera, km 5, Tel. 968 41 30 29).* Schön gelegen und nah am Strand ist ⚜ *Camping Bellavista (117 Plätze, Ctra. Águilas–Vera, km 3, Tel. 968 44 91 51, €€).* Ein Mitbringsel sind die Produkte der *cordeleros,* die am *Paseo de la Constitución* nach alter Tradition Espartogras flechten.

Auskunft: Oficina de Turismo, Plaza Antonio Cortijos, s/n, Tel. 968 49 32 85, www.aguilas.org

Cartagena [123 D5]

★ Anstelle von Mauren und Christen ziehen hier im September *Cartagineses y Romanos* durch die Straßen, als Karthager und Römer Verkleidete – ein Tribut an die Geschichte, auf deren Spuren man in Cartagena (181 000 Ew.) allenthalben stößt. In der *Caja de Ahorros* (Sparkassenfiliale) in der *C/. Duque* wollen mehr Besucher die *Vía romana,* ein Stück Römerstraße, sehen als Geld abheben *(nur vormittags).* Das 1990 entdeckte und in der Folge frei gelegte *römische Amphitheater* [Insider Tipp] gilt als eines der bedeutendsten der augusteischen Epoche. Von der byzantinischen Herrschaft um 550 zeugen Reste der *Stadtmauer* in der *C/. Doctor Tabia Martínez (Di–Sa 10–13, 16–18 Uhr).*

Geprägt wird die Stadt heute von ihrem modernen Hafen, über dem mehrere Burgen thronen. Das ⚜ *Castillo de la Concepción,* von dem aus man den Hafen und die Stadt überblickt, stammt aus der Araberzeit, desgleichen der Leuchtturm *La Linterna.* Aus den ersten Jahren des 20. Jhs. stammt das *Ayuntamiento* mit seiner sehenswerten Haupttreppe, vom Jahrhundertende hingegen das postmoderne Gebäude des Regionalparlaments, die *Asamblea Regional* am *Paseo Alfonso XIII.* Im *Museo Nacional de Arqueología Marítima* sind Funde vom Meeresgrund zu sehen *(Dique de Navidad, Di–So 10 bis 15 Uhr).* Kunsthandwerkliche Erzeugnisse der Region zeigt und verkauft das *Centro para la Artesanía (Avda. Ciudad de la Unión, s/n).*

Das Restaurant *El Barrio de San Roque* bietet feine Küche in schönem Ambiente *(C/. Sagasta, 30, Tel. 968 50 05 00, So geschl., €€).*

MURCIA/COSTA CÁLIDA

Ein gut ausgestatteter Nudisten-Campingplatz ist *El Portús* an der *Playa de Fatares*, 10 km westlich von Cartagena *(700 Plätze, El Portús, Tel. 968 55 30 52, €€)*, umgeben von aufregenden, etwas steinigen Sandstränden am Fuß der Sierra de la Muela. *Auskunft: Oficina de Turismo, Puertas de San José, s/n, Tel. 968 50 64 83, Mo–Sa 10 bis 13.30, 17–20.30 Uhr*

MAR MENOR

[123 E4] Von dem 342 m hohen ⭐ *Cabezo de la Fuente* im Süden überblickt man das ganze »Kleine Meer«, wie der spanische Name des Gewässers besagt: Im Nordosten erstreckt sich die knapp 20 km lange Landzunge, die das Mar Menor vom »großen Meer« trennt. Während sich in La Manga Hotels und Apartmentburgen drängen, stößt am Westufer über weite Strecken das flache Land ans Binnenmeer. Doch auch hier, wo Seebäder wie Los Alcázares noch etwas Charme bewahrt haben, zeichnen sich Hochbauten vor dem tiefen Blau ab. Seine 73 km Strand machen das Mar Menor zu einem Ferienparadies. Da stört nur die Flut von Quallen, die in die »kleine Wanne« strömen, angelockt von der Wassertemperatur, die dank der Tiefe von 7 m um 5 Grad über der des Mittelmeers liegt. Auf 250 000 Besucher in der Hauptsaison kommen hier gerade 5000 Hotelbetten. Den Pauschaltourismus ausgenommen, ist das Mar Menor Hausstrand der ganzen Region, während das Luxuspublikum in den Yachthäfen und im nahen Fünfsternehotel vor Anker geht.

ZIELE AM MAR MENOR

Calablanque [123 E5]
Östlich der ⭐ *Punta Negra* mit ihren Schieferfelsen erstrecken sich bis zum Cabo de Palos die langen Strände des Naturschutzgebietes Calablanque. 4 km südöstlich von La Unión können in *Portman* die Reste jener Villen besichtigt werden, in denen einst die Römer bei ihrem

---

MARCO POLO **Highlights** »Murcia/Costa Cálida«

★ **Museo Salzillo**
Die barocken Holzfiguren scheinen bei den Karprozessionen in Murcia lebendig zu werden (Seite 82)

★ **Kathedrale**
In der Fassade der Kathedrale von Murcia spiegelt sich der Barock der Levanteküste (Seite 82)

★ **Tapeo**
Erlebnis: abendliche Jause-Sause in Murcia (Seite 84)

★ **Lorca**
Die Stadt in der murcianischen Huerta ist voller Schönheit (Seite 84)

★ **Cartagena**
Geschichtsspuren auf Schritt und Tritt (Seite 78)

79

MAR MENOR

Seehafen *Portus Magnus* die Sommerfrische suchten. Schlacken des Bergbaues haben die kleine Bucht fast vollständig aufgefüllt.

Islas Hormigas [123 E–F4]
Bei einer geführten Tour zu der Inselgruppe vor dem Cabo de Palos kann man viele Schiffe auf dem Grund entdecken. Die artenreiche Unterwasserwelt steht unter Naturschutz. Wo man tauchen darf, erfährt man bei Tauchclubs, z. B. dem *Club Islas Hormigas (Paseo de la Barra, 15, Cabo de Palos, Tel. 968 14 55 30, www.islashormigas.com)* und dem *Ribera Diving (Esplanada Barnuevo, s/n, Santiago de la Ribera, Tel./Fax 968 57 36 53 und 627 50 30 90, www.riberadiving.com).*

**La Manga del
Mar Menor** [123 E4]
Hotels, die das Meer vor der Tür haben, gibt's viele. Wenn aber vor der Hintertür noch ein Meer ist, dann erkennt man daran ein Hotel in La Manga. Der spanische Name bedeutet »Ärmel«, und dieser »Ärmel« ist an manchen Stellen keine 100 m breit. Weiße Sandstrände flankieren ihn auf beiden Seiten. Am *Cabo de Palos* findet man statt Pizza- und Pommesbuden Tapa-Bars mit Frischem aus dem Meer. La Manga rauf und runter kann man durch Pubs und Diskos ziehen oder sein Geld bei Roulette und Blackjack verspielen.

7 km westlich liegt das Hotel *Hyatt La Manga Club Resort (192 Zi., Los Belones, Tel. 968 33 12 34, Fax 968 33 12 35, http://lamanga.regency.hyatt.com, €€€).* Der *Club de Golf Los Belones* hat drei Spitzenplätze mit 18 Löchern *(Complejo La Manga Club, Tel. 968 17 50 00, Fax 968 17 50 58, www.lamangaclub.com).*

Auskunft: Oficina de Turismo, *Gran Vía de la Manga, km 0, Tel. 968 14 61 36, Fax 968 56 49 58, tgl.*

Taucher legen am Cabo de Palos ihre Ausrüstung an

MURCIA/COSTA CÁLIDA

Hohe Schule des Fischfangs

Bei der Almadraba geht's dem Thunfisch an den Kragen

La almadraba ist eine Kunst, die einst viele Fischer an der Küste beherrschten, wo zwischen Februar und Juli die Thunfische vorbeiziehen. Zwei Faktoren haben diese Tradition fast aussterben lassen: die starke Überfischung durch nichtspanische Trawler mit Treibnetzen, die großen ökologischen Schaden anrichten, und der Verfall überlieferter Strukturen. Denn zur *almadraba* müssen alle Fischer eines Ortes gemeinsam fahren, um mit mehreren Booten das *cuadro* der Netze zu legen, in dem der Schwarm zusammengetrieben wird. Dieser Brauch ist noch in der kleinen Fischerstadt Azohía zwischen Cartagena und Puerto de Mazarrón lebendig.

außer So nachmittags 10–21 Uhr. Info über Unterkunft und Sport: *Macrocomunidad de Servicios Turísticos, www.marmenor.net*

Perdiguera [123 E4]
Von allen Anlegern fahren Boote zu den beiden Inseln im Mar Menor. Neben der größeren, der *Isla Mayor*, ist Perdiguera mit seinen *chiringuitos* Treffpunkt von Familien, die hier »Sardinengelage« halten.

La Unión [123 E5]
Ende des 19. Jhs. erlebte die Region einen Boom, als in den Sierras erneut nach Erz gegraben wurde. Jugendstil und neureiche Pracht erreichten auch La Unión (14 500 Ew.). Der Jugendstilbau des *Mercado Público* ist der schönste der Region. Hier wird im August das *Festival del Cante de las Minas* veranstaltet: ein melancholischer Flamencogesang, der seine Geschichte und seine Themen im Leid der Grubenarbeiter hat. Das *Museo Minero (Pl. Asensio Sáez, Mo–Sa 11–14 Uhr)* zeigt die Geschichte des Bergbaus.

MURCIA

Karte in der hinteren Umschlagklappe

[123 D3] Die Araber gründeten Murcia (345 000 Ew.) um das Jahr 825 an einem denkbar heißen Platz. Hier, wo der Río Segura nach Westen abknickt, um die Huerta von Orihuela zu netzen, liegen die Durchschnittstemperaturen im Juli über 26 Grad. Wenige Kilometer nördlich dehnen sich wüstenähnliche Gebiete. Murcia ist heute eine moderne Kongressstadt mit Parks und Gärten, umgeben von seiner fruchtbaren Huerta. Für Einkaufsbummler und Tapa-Gänger ist Murcia geradezu ein Geheimtipp. Ein Schatz sind die geschnitzten *pasos* des Bildhauers Francisco Salzillo, der hier 1707 geboren wurde.

SEHENSWERTES

Casino
Auf romantische Weise hat Murcia mit dem Casino von 1847 seine

MURCIA

Bis heute nutzt man rund um Murcia das arabische Bewässerungssystem

maurische Vergangenheit wieder erweckt. Durch die erst 1902 erbaute Fassade betritt man einen neonasridischen Hof, der die berühmte Alhambra imitiert. Sehenswert sind der Ballsaal und der *Tocador de Señoras,* der Damen-Schminkraum. *C/. Trapería, 22, 10–21 Uhr*

Ermita de Jesús
»Setzt ihn ab, er geht auch allein«, soll einmal ein Spaßvogel zu den *costaleros* gesagt haben, die am Karfreitag die berühmten *pasos* (Christus- und Heiligenfiguren) des Holzschnitzers Francisco Salzillos durch die Straßen tragen. Das in der kleinen Kirche untergebrachte ★ *Museo Salzillo* zeigt neun von ihnen, darunter die berühmte *Dolorosa. Pl. San Agustín, 1, Di–Sa 9.30–13, 16 bis 19, Juli/Aug. Sa geschl.*

Kathedrale
★ Nach dem Abriss der Moschee an dieser Stelle im Jahr 1320 wurde 1394 mit dem Bau der *Catedral de Santa María* begonnen. Im Inneren bietet die Kathedrale eine spannende Mischung verschiedener Stile. Unter ihrem Sterngewölbe schmücken Ornamente erkennbar islamischen Einflusses die gotische *Capilla de los Vélez.* Zwei Renaissancekapellen sind das Werk von Jerónimo Quijano: die *Capilla de la Transfiguración* und die auf ovalem Grundriss erbaute *Capilla de los Junterones.*

Weitere Sehenswürdigkeiten
Im Westen der Stadt führt der von Bäumen und Palmen gesäumte ❈ *Paseo del Malecón* über eine Hochwassermauer aus dem 15. Jh.; von hier hat man einen guten Blick über die Huerta, die Stadt und den Fluss. Ebenfalls im Westen, jedoch außerhalb Murcias, liegt zwischen Zitrusplantagen das barocke *Monasterio de los Jerónimos,* das Figuren von Salzillo bewahrt. Am Fluss-

MURCIA/COSTA CÁLIDA

ufer stehen die *Molinos del Segura*, eine Mühle von 1808, heute *Museo Hidráulico (Pl. de los Molinos, Mo bis Fr 10–14, 18–22, Sa 10–14 Uhr; www.molinosdelrio.org)*. Reste der arabischen Stadtmauer wurden in der *C/. Las Verónicas* freigelegt. Ein für Murcia charakteristischer Platz ist die *Glorieta de España* am Río Segura. Bei *La Ñora* läuft ein altes Wasserschöpfrad aus Holz – das *Museo de la Huerta* zeigt Bewässerungsgräben und ebensolche Schöpfräder *(N 340, Ausfahrt Alcantarilla, 10.30–18, im Sommer bis 19 Uhr)*. Südlich von Murcia birgt das frühbarocke ↘ *Santuario de Nuestra Señora de la Fuensanta* die Patronin der Stadt.

ESSEN & TRINKEN

Morales
Sehr murcianisch, auf Gemüse und Früchte der *huerta* mit Fleisch spezialisiert. *Av. Constitución, s/n, Tel. 968 23 10 26, Sa abends und So geschl., €–€€*

Los Placeres de la Carne   *Insider Tipp*
(Nicht nur) Fleischgerichte, die aber vom Feinsten. Schönes Ambiente. *C/. Simón García, 1, Tel. 968 95 09 96, Sa mittags und So geschl., €€*

Rincón de Pepe
Das Restaurant des gleichnamigen Hotels bietet murcianische Küche in ihrer schönsten Form, dazu freundliche Atmosphäre. Hier kann man getrost *salmonete* probieren, eine rötliche Meerbarbe mit sehr intensivem Geschmack. *C/. Apóstoles, 34, Tel. 968 21 22 39, So abends, Juni/Juli So sowie Aug. geschl., €€–€€€*

EINKAUFEN

Kunsthandwerk
Museum und Verkaufsausstellung des murcianischen Kunsthandwerks ist das *Centro para la Artesanía (C/. Actor F. Rabal, 8, Mo–Sa 11–14, 17–20, So 12–14 Uhr)*. Seit dem 18. Jh. wird in Murcia die Herstellung von Krippenfiguren aus Ton *Insider Tipp* gepflegt. Berühmt ist Murcia für farbenprächtige *jarapas*; in La Paca und Coy nordwestlich von Lorca kann man diese Baumwollteppiche direkt beim Hersteller kaufen.

Mercado de Verónicas
Köstlichkeiten im Treiben der Jugendstilmarkthalle. *C/. Plano de San Francisco*

ÜBERNACHTEN

Albergue Juvenil del Valle
Gut ausgestattete Jugendherberge 6 km südlich, beim Santuario de la Fuensanta. *60 Betten, Ctra. La Alberca, s/n, Tel. 968 60 71 58*

NH Rincón de Pepe
Mit glücklicher Hand neu dekoriertes Hotel, in dem schon Ernest Hemingway logierte. *166 Zi., C/. Apóstoles, 34, Tel. 968 21 22 39, Fax 968 22 17 44, €€€, wochenends €€*

Termas   [122 C2] *Insider Tipp*
Das im nachempfundenen Mudéjar-Stil erbaute Wellness-Etablissement bietet die gleichen Segnungen wie das 18 km nordwestlich gelegene Thermalbad Archena. *71 Zi., €€; Reservierung: Balneario de Archena, Tel. 902 33 32 22, Fax 968 67 10 02, www.balneario-archena-sa.es*

83

MURCIA

AM ABEND

In Murcia beginnt die Nacht beim ★ *tapeo*, den hier vor allem Spanier in seiner reinsten Form genießen. Ein guter Auftakt sind frisch gedünstete *mejillones* (Miesmuscheln) in der *Cueva de la Cerveza (Pl. Santa Ana, s/n)*. In Reichweite liegt die *Bar Arco* – Spezialität: *anchoa con pimientos (Arco de Santo Domingo 1)* – und weiter in Richtung Stierkampfarena: *El Candil* in der »Calle de las Tascas« *(C/ Saavedra Fajardo, Ecke San Lorenzo)* und *Las Jarras (C/. Mesegueres, s/n)*. Richtung Kathedrale stärken Sie sich im *El Palomo (Cánovas del Castillo, 38)* mit *zarangollo* (Rührei mit Gemüse). Nächster Halt: *Bodegón los Toneles* mit seiner Gemüsevielfalt *(Cánovas del Castillo, 7)*.

Rund um die Kathedrale wartet eine Reihe von Tapa-Klassikern: *La Parranda* ist ein Paradies für Gemüse aus der Huerta *(Plaza de San Juan, s/n)*. Auf der anderen Seite der Kathedrale bietet *Los Zagales*, Murcias älteste Tasca, Spezialitäten rund um die Blutwurst *(Polo de Medina, 4)*. Nächster Halt ist die Plaza de las Flores mit guten Tresen und angenehmen Terrassen.

Nun kann die *marcha* beginnen: Das *Café Princesa (Plaza Circular, 11)* ist vom Frühstück bis zur ersten *copa* nach Mitternacht seit 25 Jahren ein Treffpunkt.

Schauplatz der *marcha* rund um die 🏃 *Plaza Santa Ana* sind deren Terrasse und die Cocktailbars an der *Gran Vía Alfonso X*. Im Universitätsviertel ist *La Puerta Falsa (C/. San Martín de Porres, s/n)* der In-Treff für Jazzfreunde. Der Treff für junge Leute schlechthin ist das 🏃 *El Latino (C/. Victorio, 9)*.

AUSKUNFT

Oficina de Turismo municipal
Palacio Almudí, Tel. 968 21 98 01, Mo–Fr 9–15, 17–19.30 Uhr

ZIELE IN DER UMGEBUNG

Caravaca de la Cruz   [122 A3]

In der kleinen Stadt (21 800 Ew., 70 km westlich) mit ihren mittelalterlich-arabisch geprägten Gassen im Norden der Huerta von Lorca werden Legende und Geschichte eins. Der Altstadt gegenüber liegt auf einem Hügel das befestigte ↙ *Santuario de la Vera Cruz* (17. Jh.), dessen spätbarocke Marmorfassade mit aztekischen Formen bekundet, dass die herausragende Reliquie des Ortes Missionare in Mexiko begleitete. Caravaca feiert an jedem 2. Mai die *Carrera de los Caballos del Vino* und schmückt dazu Pferde mit reich bestickten Tüchern. Mit einer 7-jährigen Unterbrechung allerdings: 1934 wurde die Reliquie gestohlen; seitdem ist sie verschwunden. 1941 überließ Papst Pius XII. der Stadt zwei Splitter des *lignum crucis*, die den Verlust ersetzen. *Auskunft: Oficina de Turismo, C/. Las Monjas, 17, Tel. 968 70 24 24, Fax 968 70 09 52, tgl. außer Di und Sa/So nachmittags 10–14, 17.30–20 Uhr*

12 km nördlich liegt das schöne Städtchen ↙ *Moratalla* (9000 Ew.) mit mittelalterlichen Gassen unter der Ruine einer arabischen *Burg*.

Lorca   [122 B5]

★ Zwei mächtige Türme blieben von der maurischen ↙ *Burg* über Lorca (70 000 Ew., 60 km südwestlich) erhalten. Die einstige Bedeutung der »Stadt der hundert Wap-

MURCIA/COSTA CÁLIDA

pen« – diese prangen an zahlreichen Adelspalästen, etwa der *Casa de Guevara,* Sitz der *Oficina de Turismo (C/. López Gisbert, 12, Tel. 968 46 61 57, Fax 968 44 44 05, Mo–Fr 9.30–14, 17–19.30, Sa 10 bis 13.30 Uhr, www.ayuntalorca.es)* – wird plastisch, wenn man bedenkt, dass die Burg einmal 36 Türme hatte. Für die Römer war *Ilorci* nur eine Stadt an der *Via Heraclea,* wovon ein römischer Markstein an der *Pl. San Vicente* zeugt. Für das nasridische Königreich von Granada hingegen war Lorca eine wichtige Grenzfestung, die König Alfons X. 1266 kampflos übernahm.

Der Renaissancebau der *Colegiata de San Patricio* von 1533 wendet der *Pl. España* mit dem in nüchternem Barock abgeschlossenen Turm seine Südseite zu. Das frühbarocke Hauptportal bewahrt das geschlossene Gesamtbild. Zwei Museen dokumentieren, was bei den *Karprozessionen* lebendig wird.

Das *Museo de Bordados del Paso Azul (C/. Nogalte, 7, Mo–Fr 11 bis 13, 17–20 Uhr)* zeigt die kunstvolle Gold- und Seidenstickerei der »Blauen Bruderschaft«, die seit Jahrhunderten mit der Cofradía del Paso Blanco rivalisiert; auch die »weiße« Konkurrenz hat ihr Museum: das *Museo de Bordados del Paso Blanco (C/. La Alberca).* Das *Centro para la Artesanía (C/. López Gisbert, s/n)* bietet auch *bordados* an. Kunstvolle *jarapa*-Teppiche stellen *Hermanos Moreno Salinas (Ctra. Caravaca, 50)* her.

Ein ansprechendes neues Hotel ist das *Jardines de Lorca (45 Zi., Alameda Rafael Méndez, s/n, Tel. 968 47 05 99, Fax 968 47 07 19, €€).* Der 17 km entfernte, komfortable *Parador de Lumbreras* ist allein schon dank seines Pools eine Wohltat in dieser heißen Gegend *(60 Zi., Avda. Juan Carlos I, 77, Puerto Lumbreras, Tel. 968 40 20 25, Fax 968 40 28 36, €€).*

Ein römischer Triumphwagen fährt an Karfreitag durch Lorca

AUSFLÜGE & TOUREN

Maurenfestungen und heiße Quellen

Die Touren sind in der Karte auf dem hinteren Umschlag und im Reiseatlas ab Seite 114 grün markiert

1 IN DIE TÄLER DER MARINA ALTA

[121] Diese Tour führt Sie ins Hinterland der Küste, zu alten Maurenfestungen, verträumten mittelalterlichen Dörfern und prähistorischen Felsmalereien. Strecke: Dénia, Vall de Gallinera, Vall de Ebo; ca. 100 km, etwa ein Tag.

Das Hinterland der Marina Alta zu entdecken, wo Landschaft, Dörfer und das tägliche Leben so anders sind als an der touristisch ausgerichteten Küste, macht im Frühling besonderen Spaß. Überhaupt ist der Frühling die schönste Zeit, sich in die Costa Blanca richtig zu verlieben. Sie starten von Dénia *(S. 55)* aus in bequemer Freizeitkleidung, da Sie teilweise auf Schusters Rappen unterwegs sein werden, in Richtung Ondara. Auf der N 332 fahren Sie in Richtung València bis El Verger, wo Sie nach *Pego (S. 57)* abbiegen. Hier lassen Sie sich etwas Zeit, die Altstadt zu erkunden, die ein interessantes Zeugnis mittelalterlicher Architektur bietet. Sehenswert sind u. a. die barocke Ecce-Homo-Kapelle, die Auferstehungskirche Iglesia Parroquial de la Asunción (16./17. Jh.) sowie das Kulturhaus mit Heimatmuseum und Museum für zeitgenössische Kunst *(Mo–Sa 8–14, So 10–13 Uhr)*. Letzteres ist in einem Herrenhaus des 18. Jhs. untergebracht, in dessen Innenhof das Portal de la Sala, das einzige noch erhaltene Stadttor Pegos, steht. Über dem Dorf erhebt sich die Burg *Castillo de Ambra*, in der die Bevölkerung früher bei Gefahr Zuflucht suchte.

Nach weiteren 3,5 km auf der Landstraße CV 700 erreichen Sie *L'Atzubia*. Mittelpunkt des Dorfkerns im maurischen Stil ist die Plaza del Ayuntamiento (Rathausplatz) mit dem Brunnen Fuente Morisca, wo Sie sich mit Quellwasser aus den Bergen erfrischen können. Weiter geht es von L'Atzubia in Richtung des 2 km entfernten Forna. Vor Forna erhebt sich rechts auf einem sanften Hügel die im Alicantiner Hinterland am besten erhaltene Maurenfestung ★ *Castillo de Forna*. Stellen Sie das Auto ab, und folgen Sie dem Fußweg. Schon nach fünf Minuten stehen Sie vor dem

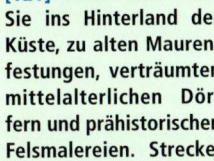

Obst- und Gemüseanbau in der Huerta de Murcia

Burgtor, Burghof, Zisterne, Stallungen, Wehrgänge und Zimmer mit gemalten Schlachtenszenen an den Wänden erzählen von alten Zeiten. In Fornas schmalen, abschüssigen Gassen genießen Sie den weiten Blick in die Landschaft. Am Dorfplatz entdecken Sie eine Grotte, in der sich ein schon von den Römern benutzter Brunnen mit Quellwasser befindet. Zeit zum Mittagessen: An Restaurants mit traditioneller Hausmannskost fehlt es weder in Forna noch in L'Atzubia, Benirrama, Benialí, La Carroja, Alpatró oder Benissiva. Probieren Sie die Köstlichkeiten des Hinterlandes: *blat picat* (Eintopf mit grob gemahlenem Weizen), *coques escaldades* (Mehlfladen mit deftigem Belag) oder *jabalí* (Wildschwein). Ganz frische Kirschen *(cerezas)* als Dessert gibt es leider nur zur Erntezeit im Mai.

Die nächste Station ist das Tal *Vall de Gallinera*. Der Weg führt zurück auf die Hauptstraße. An der Einmündung in die CV 700 geht es in Richtung Vall de Gallinera, einem Tal mit acht Dörfchen. Alle haben jeweils einen eigenen Ortskern mit Kirche, Brunnen und alten Waschhäusern sowie helle Gässchen mit Blumen an Türen und Fenstern. Auf dem Weg von einem Dorf ins andere erspähen Sie in den Bergen auf der linken Seite die *Sierra Foradada* oder *Foradá* (die »Durchlöcherte«), so genannt wegen einer nicht zu übersehenden Felsöffnung. Halten Sie die Augen offen – überall blühen die schönsten Orchideen (bitte nicht pflücken!). Auf einen Streich können Sie zwei Burgen bewundern, die allerdings schwer zugänglich sind: Die Festung von *Beniarrama* schützte das Tal einst gegen Eindringlinge, die von Pego kamen, und die Burg von *Benisili* sicherte die Talmündung in Richtung Planes. 2 km hinter Benisili verlassen Sie die Hauptstraße und biegen links ab Richtung *Alcalá de la Jovada*, das Sie 5 km nach diesem Abzweig erreichen. 300 m hinter dem Ort sehen Sie links die Ruinen von *L'Atzuvieta*, einem Dorf, das seit der Vertreibung der Mauren 1611 verlassen liegt. Der Weg dorthin ist nicht ausgeschildert – biegen Sie in der etwas erhöht gelegenen Kurve links ab. Nur etwa 50 m weiter stoßen Sie auf den Schneebrunnen von *Baix Nevara*. In ihm wurde der hier einst reichlich fallende Schnee aufbewahrt und zu Eis gemacht.

Jetzt geht's weiter nach *Vall de Ebo*. Auf dem Weg dorthin kommen Sie nach 8 km zur Tropfsteinhöhle *Cova del Rull*, die über beeindruckende Stalaktiten und Stalagmiten verfügt. Wenn Sie weiterfahren, biegen Sie hinter der Brücke links nach *Ebo* ab, wo in der Dorfschule am Ortseingang das Heimatmuseum untergebracht ist. Gönnen Sie sich als kleine Nascherei das ortstypische Mandelgebäck *ronyoses*. Dann nehmen Sie Kurs auf Castell de Castells (nach 8 km erreichen Sie die CV 720, dort rechts und weitere 5,5 km). Auf halbem Wege, rund 10 km weiter, führt die Straße links durch den *Barranc de Malafí* zum *Santuario del Plá de Petracos*, von der Unesco zum Welterbe der Menschheit erklärt. Wenn Sie dem beschilderten Fußweg folgen, können Sie ==einzigartige prähistorische Felsmalereien== bewundern. Weiter geht es durch Los Llanos de Petracos nach *Castell de Castells*. Dieses sehenswerte Dorf mit seinem bezaubernden alten Ortskern

Insider Tipp

AUSFLÜGE & TOUREN

»Ältestenrat« auf dem Dorfplatz von Castell de Castells

und der Pfarrkirche Santa Ana befindet sich genau dort, wo die Landkreise Marina Alta, Marina Baja und El Comtat aneinandergrenzen. Bevor Sie die Heimreise antreten (auf der CV 720 über Xaló), stärken Sie sich im *Restaurante Rural Serrella (C/. Alcoy, 2, €)*. Möchten Sie am Ende dieses erlebnisreichen Tages lieber gleich an Ort und Stelle ins Bett fallen, können Sie das dort auch, da ein Hotel angegliedert ist *(16 Zi., Tel. 965 51 81 38, €)*.

2 THERMALQUELLEN IM WÜSTEN MURCIA

[122–123] Auf dieser Tour lernen Sie die wüstenähnliche Umgebung von Murcia und, als Kontrast, entspannende Thermalbäder kennen. Strecke: Fortuna, Archena, Mula, Alhama de Murcia; rund 120 km, 1–3 Tage

Wer nie im Sommer durch das Becken von Fortuna und weiter entlang dem Río Mula gefahren ist, kennt Murcia nicht. So genau lernt man die Region vielleicht auch lieber nicht kennen und durchfährt diese wüstenähnliche Landschaft besser im Frühjahr. Genießer nehmen sich drei Tage Zeit und verbringen sie in einladenden Thermalbadeorten.

Die kleine Variante der Fahrt (38 km) beginnt in *Fortuna* (6400 Ew.), das Sie von der A 7 zwischen Orihuela und Murcia von der Ausfahrt 83 aus ansteuern. Anfänglich verbirgt sich auf der Regionalstraße 3223 der Reiz dieses trockenen Landes noch hinter tristen Kiefernpflanzungen. Doch bald mäandert die Straße durch das charakteristische weiße Kalksteinbecken, in das Gewittergüsse im Lauf der Jahrtausende tiefe Furchen eingefräst haben. Am Fuß dieser weiß gerippten Fluchten zeichnen sich erste Palmen ab. Pfriem- und Hanfgras *(albardín, esparto)* sowie spärliches Buschwerk sprenkeln die weißen

Ebenen zwischen den Abhängen. In Fortuna biegen Sie in westlicher Richtung nach *Abanilla* (6230 Ew.) ab und fahren weiter durch die *Tierras Malas* (»Schlechtes Land«), eine extrem karge Landschaft. Vom 1. bis zum 5. Mai feiert das Städtchen seine *Fiestas de Moros y Cristianos*.

Von Abanilla aus folgen Sie der Lokalstraße über *El Partidor* in Richtung Nordwesten nach *Macisvenda*. Die äußerst schmale und kurvenreiche Straße fordert eine sehr vorsichtige Fahrweise. Wenn im Frühjahr der Río Chicamo noch Wasser führt und sich, von Hanfgras und Palmen gesäumt, an kahlen Kalksteinformationen entlangschlängelt, wirkt der herbe Zauber dieser öden Landschaft, die Sie weiter über *Barinas* in westlicher Richtung und dann nach Süden auf der Ctra. 3223 zurück in Richtung Fortuna durchstreifen.

4 km vor Fortuna liegt das jüngst modernisierte Thermalbad *Balneario de Fortuna,* **Insider Tipp** wo 53 Grad heiß die Mineralquellen aus dem *Cerro de Santa María de los Baños* hervortreten, angezeigt bei Atemwegerkrankungen und Rheuma sowie gut gegen simplen Stress. Bereits Römer und Araber schätzten diesen Ort, der im 19. Jh. im Jugendstil neu erschlossen wurde. Komfortable Quartiere bieten die Hotels *Balneario (59 Zi., €–€€), Victoria (52 Zi., €€)* und *España (54 Zi., €); Reservierung für alle: Balneario de Fortuna, Tel. 968 68 50 11 und 902 44 44 10, Fax 968 68 50 87, www.leana.es*

Die nächste Station ist das in Richtung Westen 18 km entfernte *Archena* (14 000 Ew.) in der grünen, vom Orangenanbau geprägten *vega des Río Segura*. Das *Balneario de Archena* **Insider Tipp** ist die Perle von Murcias Thermalbädern. Im 19. Jh. im Mudéjar-Stil erneuert und seither auf hohem Niveau gehalten, besticht es durch die Atmosphäre seiner Badegalerien, seiner Gärten und seiner Hotels: *Termas (70 Zi.; €€€), León (118 Zi., €)* und *Levante (70 Zi., €€); Reservierung für alle: Balneario de Archena, Tel. 902 33 32 22, Fax 968 68 80 11, www. balnearioarchena.com*

Weiter geht die Fahrt nach Südosten über *Ceutí*, und kurz vor *Alguazas* (9 km) wählen Sie die landschaftlich sehr reizvolle Straße entlang dem Río Mula über *Campos del Río* und *Albudeite*, wo das alte Handwerk der Espartoflechterei noch gepflegt wird, in Richtung *Mula* (25 km). Die Straße folgt dem kurvigen Verlauf des Flusses, immer am Fuß karger Kalksteinhänge entlang. *Baños de Mula* markiert den Übergang zu einer fruchtbaren Niederung.

Das nächste Etappenziel ist *Mula* (13 700 Ew.). Über seiner prächtigen Altstadt hängt das *Castillo de los Vélez* aus dem 16. Jh. auf einem vorspringenden Felsen, eine der besterhaltenen Burgen der Region *(Schlüssel im Rathaus)*. Das *Museo El Cigarralejo (Palacio de los Marqueses de Menahermosa, Di–Sa 10.30–14, So 10.30–13 Uhr)* birgt iberische Kunstschätze. Im Hotel *Alcázar (20 Zi., Ctra. Pliego, Tel./ Fax 968 66 06 76, €)* können Sie nicht nur übernachten, sondern auch Ihren Hunger stillen. Oder Sie quartieren sich in der *Hospederia Rural Molino de Felipe* ein *(3 Zi., Ribera de los Molinos, 321, Tel. 968 66 20 13 und 607 75 44 77, www. paralelo40.org/molinofelipe, €)*.

AUSFLÜGE & TOUREN

Bei *Pedro Cervantes García (C/. Correos, 3)* findet man Erzeugnisse der Espartoflechterei, *Ar-Tex Muleña* webt an alten Geräten wunderbare Teppiche.

In *Bullas,* im Tal Aceniche, sind der Palacio de los Melgares, die barocke Iglesia del Rosario und das »Viertel der populären Architektur« sehenswert. In Bullas wird jeden ersten So im Monat *El Zacatín* abgehalten, ein Markt für Handwerkserzeugnisse von *alpargatas* (Hanfschuhe) über Espartoflechterei, Baumwollweberei aus Coy und La Paca sowie Ton- und Töpferwaren bis hin zu Lebensmitteln aus der Region.

Für die Rückfahrt nach Murcia nehmen Sie in Mula die Ctra. 3315 in Richtung Alhama de Murcia (30 km südöstlich). Unterwegs lohnt sich ein Abstecher in die waldige *Sierra de Espuña* (nach 25 km der Ausschilderung für die *Reserva Nacional* folgen. Hier sind Schneebrunnen mit vollständig erhaltener Kuppel zu besichtigen, die seit dem 16. Jh. und bis ins 20. Jh. hinein die Region mit Kühleis versorgten.

In *Alhama de Murcia* (15 000 Ew.) sind Sie an den letzten Thermalquellen dieser Route angelangt. Sie sprudeln heute im Stadtpark La Cubana am Fuß der Burg. Hier töpfert Juan Romero Munuera phantasievolle Formen in Anlehnung an antike Amphoren *(C/. El Ral, s/n)*. Zu besichtigen sind auch der Torre arabe, die Kirche Santa María aus dem 18. Jh. und die Einsiedelei Ermita de la Santa, die der Patronin Santa Eulalia gewidmet ist und besonders schöne Wandtäfelungen im Mudéjar-Stil sowie Fresken aus dem 17. Jh. zu bieten hat.

Im nahen *Totana* (21 386 Ew.) findet man handbemalte Azulejos bei *Lario Carillo (N 340, La Costera)* sowie eine Vielzahl weiterer Keramikwerkstätten und -fabriken mit großer Auswahl.

Weite, karge Hochebene bei Alhama de Murcia

SPORT & AKTIVITÄTEN

Sattel, Segel und noch viel Meer

An der Costa Blanca kommen alle auf ihre Kosten – Ruhe suchende Sonnenanbeter ebenso wie Aktivsportler

Nicht nur das kristallklare Mittelmeer verwöhnt Freizeitfreaks über und unter Wasser, auch Wander- und Kraxelfreunde lieben die Begegnung mit der unberührten Natur, zu der sich im Hinterland wie auch an der Küste, z. B. am Penyal d'Ifac in Calp, unbegrenzte Möglichkeiten bieten. Wer stramme Waden und viel Puste hat, tut es den Radprofis gleich und geht mit Miguel Indurain, Erik Zabel oder der ganzen Elite des Teams Telekom auf die Piste. Die hügeligen Küstenstraßen der nördlichen Costa Blanca, die viel Kondition erfordern, bieten auch den Cracks optimale Trainingsbedingungen. Wenn Sie in Topform sind, bringen Sie am besten Ihren eigenen Drahtesel mit.

ANGELN

Zum Angeln in den Lagunen, Flüssen, Stauseen und mit einem Boot auf dem Meer benötigt man einen Angelschein *(permiso de pesca)*. Da es jedoch für den Kurzzeiturlauber aus zeitlichen Gründen fast unmöglich ist, diesen zu bekommen, ist es

Sport für Abenteurer: Höhlentauchen am Cap de la Nao

ratsam, sich organisierten Angeltouren anzuschließen. Informationen dazu erteilen die Tourismusbüros am Urlaubsort. Zum Angeln im Meer, vom Strand oder im Hafenbecken, braucht man keine Lizenz.

BALLON FAHREN

Wollen Sie einmal richtig abheben? Auch das ist an der Costa Blanca kein Problem. Ein 40-minütiger Aus-Flug im Heißluftballon startet Sa und So um 8 Uhr in Elx/Elche **[123 E1]**. *Preis: 72 Euro. Anmeldung in Spanisch und Englisch unter Tel. 966 63 74 01*

FITNESS

In den Ferien an der Costa Blanca können Sie fit werden. Besonders trendy: das *Euro Gym Sport Center* von Roberto Lorente bei Moraira **[121 F4]**, das kürzlich von einer Sport-Fachzeitschrift als eines der besten Spaniens ausgezeichnet wurde. Neueste Geräte und ein abwechslungsreicher Trainingsplan von Aerobic bis Kampfsport sorgen für beste Erfolge. Umfächelt von der kühlen Meeresbrise und mit Blick auf die See steppt es sich besonders gut. *Ctra. Moraira–Calp, km 1,5, Mo–Fr 10–22, Sa 10.30–13 Uhr, Tel. 965 74 57 48 oder 603 37 45 93*

FUNSPORT

Alles, was man sich als Freizeitspaß nur denken kann, finden Aktivurlauber bei *Fun & Quad* in Dénia [121 F3]. Hier mietet man sich die geländegängigen Turbotrecker, um auf geeigneten Strecken querfeldein zu fahren (Ausflüge von einer Stunde bis zu zwei Tagen mit Führer, auch nachts). Das Team reist mit den Fahrzeugen zum Wunschtreffpunkt. Bei Fun & Quad kann man sich auch Schnorchel und Brille leihen, um die Unterwasserwelt zu erkunden, oder in einen Kajak steigen, um die Höhle Cora Tallá zu erforschen. Die ganz Harten schwingen sich aufs Mountainbike, und stellen sich den Herausforderungen der Wildnis, insbesondere des Montgó. Ideal für Familien sind geführte Wanderungen, z. B. am Cap de Sant Antoni. *Ctra. Consolá del Mar, 13 A (aptos. Acuario), Tel. 965 78 72 28 oder 639 54 23 65, www.funquads.com*

GOLF

Im Land València gibt es 18 Golfplätze, davon 14 an der Costa Blanca. Weitere sind im Bau oder in Planung. 13 Anlagen sind in der *Asociación de Campos de Golf de la Costa Blanca* zusammengeschlossen *(Aptd. 135, Sierra de Altea/Alacant, Tel. 965 84 62 13, Fax 965 84 62 15)*. Green fee für 18-Loch-Plätze 40–50 Euro. Übersicht: *www.golfcostablanca.org*

MOTORRAD FAHREN

Wer versäumt hat, seinen Motorradführerschein zu machen, sich aber die Luft trotzdem um die Nase we-

Auf geht's zur Offroad-Tour mit Quads

SPORT & AKTIVITÄTEN

hen lassen will, chartert ein Trike – ein Bike mit drei Rädern – z. B. bei *Royal Trikes Costa Blanca S. L.* der Familie Hummel in Xábia/Jávea **[121 F4]**. Das Beste daran: Sie brauchen keinen Helm und nur den Führerschein Klasse 3. Das bergige Hinterland garantiert phantastische Ausflüge. Sollten Sie einen Schein für zwei Räder haben, werden Sie auch bestens bedient. *Royal Trikes, Xábia/Jávea Arenal, an der Kreuzung Tennisclub/CAM Bank der Beschilderung Campingplatz/Bar Quo Vadis bis zur Carrer Cannes, 5, folgen; Tel. 966 46 13 26, Fax 966 47 07 05, www.royal-trikes.com, tgl. 11–24 Uhr*

REITEN

Pferdeliebhaber kommen überall auf ihre Kosten, z. B. in Guardamar **[123 E2]**. Das *Centro Ecuestre El Refugio* hilft auch blutigen Anfängern in den Sattel. Fortgeschrittene können Stunden in der Spanischen Dressur nehmen. Ausritte von 1 bis 4 Stunden (in Begleitung eines Führers) durch Orangen- und Zitronenhaine sowie Schilfwälder. Hartgesottene können am 2-Tage-Trail um die Salinen von Torrevieja und La Mata teilnehmen (Strecke 300 km, bis ins Gebirge). *Centro Ecuestre El Refugio, Guardamar del Segura, Tel./Fax 966 72 56 72, www.neopro.com/el-refugio*

SEGELN

Immer mehr Menschen entdecken die Lust, Segel zu hissen. Den Einstieg in den Sport erleichtert die Segelschule *La Escandalosa* im Sporthafen von Torrevieja **[123 E3]** (ca. 1500 Liegeplätze), wo Nachwuchssegler von Kindesbeinen an ausgebildet werden *(Kurse bei Beatríz und Avaro Mo–Fr 10.30–13 Uhr, Tel. 608 66 50 54)*. Im benachbarten Yachtclub *Real Club Náutico* können Sie Mitglieder der spanischen Königsfamilie treffen, die ihrem Lieblingssport nachgehen.

SURFEN

Ein guter Spot zum Surfen ist *Els Poblets* **[121 F3]** bei Dénia, wo auch die spanischen Windsurfmeisterschaften ausgetragen werden. Die ideale Zeit zum Windsurfen ist im Sommer zwischen 12 und 19 Uhr (Windstärke 3 und mehr). Da macht auch Kite-Surfen (mit Drachen) am meisten Spaß.

TAUCHEN

Lohnende Tauchreviere finden Sie an der ganzen Costa Blanca. Egal, ob Sie Anfänger oder Crack sind: Das *Centro de Buceo del Sureste* in Puerto de Mazarrón **[122 C5]** lässt Ihre Unterwasserträume wahr werden. Sie können Ihr Equipment unterbringen, neues kaufen oder leihen, auch nachts tauchen sowie Höhlen erkunden. *C/Concha Candau, 16, Puerto de Mazarrón, Tel. 968 15 40 78, www.buceosureste.com*

Das Meeresreservat am ★ *Cap de Sant Antoni* **[121 F3–4]** ist geschützt und ungewöhnlich reichhaltig an Flora und Fauna. Die beste Zeit zum Tauchen ist Frühling bis Oktober. Tauchen Sie hier ab mit dem Tauchzentrum *Aguazul*. Im Geschäft gibt es bestes Zubehör zu günstigen Preisen. Großes Tauchschiff. *Ctra. Dénia–Xábia/Jávea, 20, Komplex Mare Nostrum, Tel./Fax 966 42 22 28, www.buceobnl.com*

MIT KINDERN REISEN

Tiere, Wasserspaß und flotte Flitzer

An der Costa Blanca kann der Familienurlaub gar nicht langweilig werden – zu dicht ist das Netz an attraktiven Freizeitangeboten

Viele der feinsandigen, oft flach abfallenden Strände an der Costa Blanca kommen den Bedürfnissen Ihres Nachwuchses entgegen. Aufregende, nicht selten ganz neu eingerichtete Kletterlandschaften direkt am Wasser laden zum Klettern und Toben ein. Von der Strandpromenade aus können Sie bei einem *café con leche* das fröhliche Treiben bequem im Auge behalten. Groß werden Kinderaugen in den zahlreichen Freizeit- und Safariparks entlang der Küste, beim Reiten, auf der Kartbahn, auf dem Quad oder auf der Riesenrutsche im Wasserpark. Und da Spanien ein kinderfreundliches Land ist, treffen Familien auch im Restaurant in der Regel auf verständnisvolles Personal.

scher Fluss bildet bizarre Tropfsteingebilde. Der Trip dauert ca. 30 Min. *Im Sommer 11–13, 15.30 bis 18.30 Uhr, Eintritt 6, Kinder 3 Euro, bis 13 Jahre frei, Tel. 964 69 05 76, www.riosubterraneo.com, von València über die N 234 und die N 225 Richtung La Vall d'Uixó, dann den Hinweisschildern folgen*

Dinópolis Teruel [116 A 2–3]
Dinofans sollten sich diesen Erlebnispark nicht entgehen lassen: Hier gibt's Dinos zum Anfassen, ein Museum zum Thema, ein Kino, ein Hotel *(Tel. 902 44 80 00, Fax 969 78 61 77 18, €€€). Tgl. 10–18.30, Juli/Aug. 9–19 Uhr, Eintritt 16, Kinder 13 Euro, Polígono de los Planos, www.dinopolis.com*

VALÈNCIA/ COSTA DEL AZAHAR

Coves de Sant Josep [117 D5]
Die in knallbunten Kitschfarben beleuchtete Unterwelt dieser Höhlenlandschaft, die mit dem Boot erkundet werden kann, begeistert Kinder jeden Alters. Ein unterirdi-

Nur eine von vielen Möglichkeiten: Brandungsangeln

DÉNIA/BENIDORM

Aqualandia Benidorm [121 E5]
Hinein ins kühle Nass, und das mit Schwung! Rutsch- und Hangelvergnügen aller Art erwarten Ihren Nachwuchs in diesem Wasserpark. Gleich nebenan lockt der Park für Meerestiere und Exoten Mundomar mit Delphinen und Seelöwen. *Einfahrt gegenüber Benidorm Palace, Sierra Helada, tgl. 10–18 Uhr. Ein-*

tritt 13,25, Kinder 8,25 Euro. Tel. 965 86 91 01, www.mundomar.es

La Arca de Noé [121 E4]
Insider Tipp

Ein einzigartiges Ausflugsziel versteckt sich im Aitana-Bergland unweit von Guadalest bei Benimantell: In seiner *Arche Noah* hat der Spanier Serafín Domenech eine Zufluchtstätte für exotische Tierarten geschaffen. Gequälte Kreaturen aus aller Welt beginnen hier ein neues Leben. Für die Kleinen besonders aufregend: Hier dürfen sie einem Tigerbaby die Flasche geben, ein Äffchen mit Joghurt füttern, auskundschaften, wo sich der König der Tiere »halbfrei« im Bergmassiv versteckt, oder sich eine Schlange um den Hals legen lassen. *Ganzjährig tgl. 10 Uhr bis Einbruch der Dunkelheit, Eintritt 4,80, Kinder 1,80 Euro, Tel. 965 97 23 59 oder 608 76 95 53*

Cactuslandia [121 F4]
Nehmen Sie Ihren Nachwuchs bei der Hand: Anschauen ja, anfassen nein! Kakteen und exotische Vögel werden Ihre Kinder hier ins Staunen versetzen. *Galera del Mar, 26, zwischen Altea und Calp, Tel. 965 84 22 18, ganzjährig tgl. 9–20 Uhr, Eintritt 3, Kinder 1,80 Euro*

Eselfarm Les Murtes [121 F4]
Insider Tipp

Bei einem Besuch auf dem Eselgestüt der Familie Aretz in Xaló (Jalón) können Sie einen ganzen Haufen zutraulicher Grautiere samt umhertollender Fohlen aus der Nähe betrachten und anfassen. Die Kleinen dürfen auch reiten. Atemberaubend der Ausblick über die Bérnia. Anmeldungen für Ihren Imbiss nehmen Maria und Helmut unter *Tel. 607 41 73 98* entgegen. So finden Sie hin: Aus Richtung Benissa kommend biegen Sie hinter der Tankstelle Cepsa in Xaló links ab. Nach 2,7 km Fahrt durch Weinberge auf der CV 749 biegen Sie bei km 2 rechts ab. Folgen Sie den Wegweisern noch 2,7 km. *Tgl. geöffnet, Eintritt frei*

Go-Kart-Bahn La Font Santa [121 F4]
Auf Touren kommen schon die Kleinen bei einem Besuch der Kartingbahn La Font Santa. Hier lohnt sich der Familienausflug, denn es gibt Karts für alle Altersgruppen. *An der Ctra. Teulada–Moraira, km 3, im Sommer 10–1, im Herbst 10 bis 20, im Winter 10–19, im Frühling 10–22 Uhr. Tel. 965 74 14 69, www.kartinglafontsanta.com*

Pinky Park Calp [121 F4]
Ganz auf Ihren Nachwuchs spezialisiert hat sich der Pinky Park Calp (Calpe) mit Spiellandschaft und Kindertellern im Restaurant. Geburtstage und andere Partys werden nach Anmeldung organisiert. *C/. Murillo, Edif. Murillo 2, Calp, Tel. 965 83 52 80 (Ana), Eintritt 2 Euro für eine Stunde*

Quad fahren in Calp [121 F4]
Insider Tipp

Holpern Sie mit dem Nachwuchs auf dem Sozius des vierrädrigen, treckerähnlichen Fun-Bikes am besten erst einmal in geführten Safari-Touren los, so lange, bis Sie sicher wissen, wo Gas und Bremse sind ... Mieten können Sie die lustigen Vehikel z. B. bei *Pierre* (Autos-Motos-Quads) in Calp/Calpe *(C/. La Pinta, 18, Edif. Paola)*. Zweimal täglich wird eine 50 km lange Tour von 1 ½ Stunden Dauer angeboten. Für Familien mit mehr Sitzfleisch emp-

MIT KINDERN REISEN

Kindervergnügen im Stadtpark von Elx

fiehlt sich von 10 bis 18 Uhr der Tagestrack nach Xaló, bei warmem Wetter mit Badespaß in den Fuentes del Agar. *Kleine Tour 50, große Tour 90 Euro. Tel./Fax 965 83 74 70 oder 609 67 74 40 (man spricht Deutsch)*

Terra Mítica [121 E4]

★ Kopfüber in das Karussell der Helden heißt es im größten Vergnügungspark Spaniens, dem »Mythischen Land«. Hier geht es auf mehr als 100 ha Fläche spektakulär, feucht und feurig durch Mythen und Geschichten des Mittelmeerraums. Neue Attraktionen: die »Jagd des Adlers« mit Raubvögeln und die »Iden des März« mit Gladiatorenkämpfen und Wagenrennen. *Vía Parque, Ptda. Del Moralet s/n, Benidorm, März–Okt. tgl. 10–24, sonst 10–20 Uhr, Eintritt 32, Kinder 24 Euro, Zweitageticket 45 bzw. 32 Euro, Kinder bis 4 Jahre frei, Kartenverkauf: Tel. 902 02 02 20, www.terramiticapark.com*

ALACANT/ELX

Safaripark »Río Safari« [123 E2]
Wilde Tiere, Tiervorführungen, Bimmelbahn, Reptilien- und Vogelhaus sowie ein Aquarium begeistern kleine Gäste im Safaripark an der Straße Elx (Elche)–Santa Pola. *Tgl. 10.30–18 Uhr, Eintritt 14, Kinder 9 Euro*

MURCIA/COSTA CÁLIDA

Archena [122 C2]
25 km nordwestlich von Murcia betreten Sie ein echtes Abenteuerland: Hier können Ihre Kinder Berge erklimmen, paddeln, reiten, wandern, radeln, Höhlen erkunden, wild lebende Tiere beobachten und, und, und … *(Información turística regional, Tel. 902 10 10 70, www.murcia-turismo.com).* Zum Abschluss darf sich die ganze Familie im Bad entspannen *(Balneario de Archena, Ctra. del Balneario s/n, Archena, Tel. 902 33 32 22).*

Angesagt!

**Was Sie wissen sollten über Trends,
die Szene und Kuriositäten an der Costa Blanca**

Feuer des Flamenco

Musik wird an der Costa Blanca bereits mit der Muttermilch aufgesogen. Dabei zeigen sich selbst Techno-DJs so nationalbewusst, dass sie öfter mal eine Flamencoscheibe auflegen. Nach *Ketama* und *Camela* sind es in letzter Zeit die »Abgänger« der TV-Starschmiede *Operación Triunfo*, die mit Latino- und Flamenco-Sound die Hitparaden stürmen. Andalusiens Sinti-Schwestern Encarna und Antonia Salazar von *Azúcar Moreno* (brauner Zucker) mischen mit feurigem Flamencopop die Szene auf. Ins Ohr gehen auch die Rhythmen von *Estopa*, deren Ska-Einflüsse besonders die Kids lieben.

Ran an den Mann!

Die Costa Blanca lässt die Herzen von tanzversessenen Mädels höher schlagen: Fordert hier eine Dame das andere Geschlecht zum Tanz auf, wird sie sich kaum einen Korb holen. Dann kann es auf der Tanzfläche auch schon mal etwas heißer und enger zugehen, ohne dass sich frau dabei was denkt. Sich die Beine an der Bar in den Bauch zu stehen und wie deutsche Männer lediglich »Thekentanz« zu praktizieren, langweilt die Spanier nämlich zu Tode.

Jagd nach dem Kick

Lieblingssport der Spanier, nicht zuletzt dank des »Nationalheiligtums« Real Madrid: Fußball! Treffpunkte sind die öffentlichen Spielfelder, wo selbst bei größter Hitze dem Ball nachgestellt wird. Freizeitkicker können sich problemlos einer Beach-Mannschaft anschließen, die sich zur Abendstunde am Strand wie von selbst formiert.

Nabelschau

Die Damen an der Costa Blanca lieben es bauchfrei – egal, bei welcher Temperatur, egal, bei welcher Figur. Selbstbewusst wird unter dem knappen Top das neueste Bauchnabel-Piercing zur Schau gestellt. Ohne mit der Wimper zu zucken helfen die Spanierinnen ihrer natürlichen Schönheit auf die Sprünge. So geht kaum eine Dame ohne tätowierte Lidstriche und Lippenkonturen aus dem Haus, koste und schmerze es, was es wolle. Auch Körperbehaarung, egal wo, wird vorzugsweise mit Hilfe von Wachs gnadenlos ausgerottet.

PRAKTISCHE HINWEISE

Von Anreise bis Zoll

Hier finden Sie kurz gefasst die wichtigsten Adressen und Informationen für Ihre Costa Blanca-Reise

ANREISE

Auto
Von Deutschland, Österreich und der Schweiz her sollte man mindestens eine Übernachtung einplanen. Die Autopista A 7 entlang der Levanteküste ist bis Murcia durchweg gut ausgebaut; von der deutsch-französischen Grenze bis Alacant sind für einen PKW knapp 100 Euro Maut zu entrichten. Ab San Juan in Richtung Murcia geht es gebührenfrei weiter. Wenn Sie Zeit haben, benutzen Sie die Küstenstraße, da die Mautgebühren unverschämt hoch sind. So kostet z. B. die Fahrt von Silla (València) bis San Juan de Alicante 12 Euro. Zu Beginn der Saison, spätestens zu Ostern, werden die Preise regelmäßig erhöht!

Autoreisezug
Die lange Anfahrt bis zur spanischen Grenze überbrückt der Autoreisezug, der zeitweise mehrmals wöchentlich zwischen neun deutschen Städten und dem französischen Narbonne verkehrt. Einfache Fahrt ab Frankfurt/M. für das Auto je nach Saison 196–325 Euro; pro Person 82–150 Euro (Liegewagen).

Bahn
Täglich gibt es aus Deutschland, Österreich und der Schweiz Bahnverbindungen, zunächst nach Barcelona; die Fahrt von München dorthin (über Zürich/Genf) dauert rund 21 Std. Der Hochgeschwindigkeitszug »Euromed« braucht von Barcelona nach València knapp 3, nach Alacant 4 1/2 Std. Fahrpreis: 43 Euro. Für den gleichen Preis (2. Klasse) fährt man in knapp 7 Std. von Barcelona nach Murcia. Diese Art der Anreise ist jedoch nicht nur zeitaufwändig, sondern kann auch teuer kommen, denn auf dieser Strecke fahren gerne Diebe mit.

Bus
Mehrere Busunternehmer fahren mehrmals wöchentlich von Deutschland und der Schweiz nach Spanien. Hin- und Rückfahrt ab 180 Euro, zuzüglich Ortszuschlag, inklusive Frühstück.

Flugzeug
Charterfluggesellschaften wie Air Berlin, Condor, Hapag Lloyd und Aerolloyd fliegen Alacant und Murcia das ganze Jahr über an, LTU von Düsseldorf aus sogar täglich; günstigste Preise für Hin- und Rückflug in der Nebensaison um 200 Euro. Wer auf *last minute* setzt, kann für 100 Euro von Frankfurt/M. aus direkt in Alacant landen. Tägliche Linienflüge nach València und Alacant von der Schweiz aus bietet Swiss.

AUSKUNFT

Spanisches Fremdenverkehrsamt
– *Kurfürstendamm 63, 5. OG, 10707 Berlin, Tel. 030/882 65 43, Fax 882 66 61*
– *Grafenberger Allee 100, 40237 Düsseldorf, Tel. 0211/680 39 81, Fax 680 39 85*
– *Myliusstraße 14, 60325 Frankfurt am Main, Tel. 069/72 50 38, Fax 72 53 13*
– *Schubertstr. 10, 80336 München, Tel. 089/530 74 60, Fax 532 86 80*
– *Walfischgasse 8, 1010 Wien, Tel. 01/512 95 80, Fax 512 95 81*
– *Seefeldstrasse 19, 8008 Zürich, Tel. 01/252 79 30, Fax 252 62 04*

AUTO

Wie in allen Ferienregionen ist das Auto ein begehrtes Objekt von Dieben. Wertsachen sollten nie sichtbar, besser gar nicht im Auto bleiben. Mitgeführt werden müssen Führerschein und Fahrzeugschein. Höchstgeschwindigkeit auf Autobahnen *(autopista)* 120 km/h, auf *autovías* 100 km/h, auf Landstraßen 90 km/h, innerorts 50 km/h. Die Promillegrenze liegt bei 0,5.

BANKEN & GELD

Banken sind Mo–Fr 9–14 Uhr geöffnet, in Einkaufszentren, Ferienorten und an Flughäfen öffnen Sparkassen *(cajas de ahorro)* vereinzelt auch nachmittags und an Wochenenden. Geldautomaten *(cajeros automáticos)* gibt es im Überfluss. Die gängigen Kreditkarten werden von fast allen Restaurants, Hotels, Geschäften und Autovermietern akzeptiert.

CAMPING

Offiziell sind Spaniens Campingplätze in vier Kategorien von L wie »Luxus« über 1 bis 3 (untere Kategorie) eingeteilt. Wildes Campen ist nicht erlaubt und auch gefährlich, wenn man dazu Betten trockener Flüsse auswählt. Gewittergüsse an der Levanteküste sind nicht zu unterschätzen.

DIPLOMATISCHE VERTRETUNGEN

Deutsche Honorarkonsulate
– *Pl. Calvo Sotelo, 1–2, 5°, 03001 Alacant, Tel. 965 21 70 60, Fax 965 21 52 34*
– *Avda. Marqués de Sotelo, 3, 6°, 13 C, 46002 València, Tel. 963 10 63 53, Fax 963 94 23 88*

Österreichisches Konsulat
C/. Convento Santa Clara, 10, 2/3°, 46002 València, Tel. 963 52 22 12, Fax 963 51 12 20

Schweizerisches Konsulat
Cronista Carreres, 9, 7°, izq., 46003 València, Tel./Fax 963 51 88 16

EINREISE

Für EU-Bürger genügt der Personalausweis oder der Reisepass, für Kinder ein Kinderausweis oder der Eintrag im Reisepass der Eltern. Grenzkontrollen für EU-Bürger gibt es nicht mehr.

FERIENHÄUSER (CASAS RURALES)

Altretur vermittelt eine Vielzahl von *casas rurales* in der Provinz Castellón und in der Sierra de Gúdar/Te-

PRAKTISCHE HINWEISE

ruel *(Pl. Real, 10, 12001 Castellón, Tel. 964 25 60 52, Fax 964 25 56 75, www.altretur.com).* Für den Rest der Comunitat Valenciana ist zuständig *Agrotur (Pl. Ayuntamiento, 29, 3°, izq., 46002 València, Tel. 963 94 23 02).* Weitere Vermittler oder Ketten, die interessante Angebote zum Urlaub auf dem Land oder stilvolle Hotels bereithalten, sind: *www.agrotur.org, www.rusticae.es, www.noratur.com* und *www.paralelo40.org.*

FKK

»Oben ohne« ist an vielen Stränden üblich und wird überall geduldet. Die Freiheit, ganz hüllenlos zu baden, nehmen sich viele Spanier und Urlauber an abgelegenen Stränden. Ausgewiesene Nudistenstrände gibt es bei València *(Playa de Pinedo,* in Richtung El Saler), Cullera (beim Leuchtturm), Alacant *(Playa del Saladar* und beim *Cap de Huertas),* beim Cap de Santa Pola *(Playa de Carabasí),* beim Cap de la Nao *(Playa de Ambolo)* und bei Dénia *(Playa de las Rotas).* Ein Nudistenzentrum in der Region Murcia ist der Campingplatz *El Portús* bei Cartagena.

GESUNDHEIT

Private und öffentliche Krankenkassen bieten EU-Bürgern auch in Spanien Versicherungsschutz. Ohne Auslandskrankenschein E-111 muss man jedoch in Vorleistung treten. Notfälle werden in *urgencias* behandelt, der Notaufnahme von Krankenhäusern und Gesundheitszentren *(centros de salud).* Deutschsprachige Ärzte findet man in der deutschen Lokalpresse. Apotheken *(farmacias)* sind durch ein grünes Kreuz gekennzeichnet. Notdienstapotheken stehen in der Lokalpresse.

Was kostet wie viel?

Frühstück	**2 Euro** in der Bar
Eis	**1 Euro** für eine Kugel
Wein	**ab 1 Euro** für ein Glas Wein
Wasser	**90 Cent/1,50 Euro** für Mineralwasser/Cola
Benzin	**83 Cent** für einen Liter Normal
Busfahrt	**90 Cent** für eine Busfahrkarte

INTERNET

Was das Internet samt der dazugehörigen Cafés angeht, war die Costa Blanca lange Entwicklungsland – jetzt ist sie voll im Kommen. Interessante Websites:
www.comunidad-valenciana.com
www.costablanca.org
www.turisvalencia.es
www.spain.info
www.carm.es

INTERNETCAFÉS

Cyber Café La Red, Dénia [121 F3]
Keine Spiele, dementsprechend ruhiges Ambiente, gute Bar, guter Kaffee und wechselnde Ausstellungen rund um die Internetterminals. *C/. Colón, 32, Tel. 966 42 61 83, laredinternet@terra.com*

Highspeed Internet Center Calp [121 F4]

Deutschsprachige Software inklusive Officepaket. Eine Std. 2,40, 10 Std. 24 Euro. Hier können Sie auch eine Digitalkamera leihen und die Fotos ausdrucken. *C/. Navio, Edif. Navio, Local N. 7, www.iccalpe.com*

JUGENDHERBERGEN

Informationen: *Red Española de Albergues Juveniles (C/. Ortega y Gasset, 71, 28006 Madrid, Tel. 913 47 77 00, www.reaj.com).*

MIETWAGEN

Die internationalen Firmen sind in allen Ferienzentren, an Flughäfen und Bahnhöfen vertreten. Ab 40 Euro pro Tag (160 Euro/Woche); dazu kommen Mehrwertsteuer, Vollkaskoversicherung und manchmal auch Kilometergeld. Es lohnt, nach Angeboten für Wochenenden zu fragen. In der Lokalpresse findet man auch kleinere Autovermieter. Angebote für Autovermietungen finden Sie unter *www.marcopolo.de*.

NOTRUF

In den Regionen València und Murcia funktioniert bereits die Notrufnummer *112* für Krankenwagen *(ambulancias),* Polizei *(policía)* und Feuerwehr *(bomberos).* Sonst: Feuerwehr *085,* Polizei *062 (Guardia Civil)* und *091 (Policía Nacional).*

ÖFFENTLICHE VERKEHRSMITTEL

València hat ein ausgezeichnetes Netz von U- und Regionalbahnen. In den übrigen Städten gibt es Busse. Zwischen Benidorm und Gata

---

www.marcopolo.de

Im Internet auf Reisen gehen

Mit über 10 000 Tipps zu den beliebtesten Reisezielen ist MARCO POLO auch im Internet vertreten. Sie wollen nach Paris, auf die Kanaren oder ins australische Outback? Per Mausklick erfahren Sie unter **www.marcopolo.de** Wissenswertes über Ihr Reiseziel. Zusätzlich zu den Informationen aus den Reiseführern bieten wir Ihnen online:

- das *Reise Journal* mit aktuellen News, Artikeln, Reportagen
- den *Reise Service* mit Routenplaner, Währungsrechner und Compact Guides
- den *Reise Markt* mit Angeboten unserer Partner rund um das Thema Urlaub

Es lohnt sich vorbeizuschauen: Wöchentlich aktualisiert, gibt es immer wieder Neues zu entdecken. Bleiben Sie auf dem Laufenden mit unserem E-Mail-Newsletter, den Sie kostenlos abonnieren können!

PRAKTISCHE HINWEISE

de Gorgos verkehrt der Ausflugszug *Limón Express (C/. Estación, 2, Benidorm, Tel. 966 80 31 03)*, zwischen Alacant und Dénia der Wanderzug *El Trenet Senderista (Tel. 965 87 85 15, Abfahrt Di–Sa 9.40 Uhr)*. Außerdem fahren Linienbusse in jeden Winkel der Küste und des Hinterlandes. Taxis sind relativ preiswert. Eigens für Nachtschwärmer verkehrt zwischen Altea und Alacant der »Partyzug« *El Trensnochador* mit Halt bei den Hot Spots der Küste *(Tel. 965 26 27 31)*.

ÖFFNUNGSZEITEN

Der Einzelhandel öffnet meist von 9 oder 10 bis 14 und von 17 bis 20, Sa bis 14 Uhr. Jeden ersten Sonntag im Monat kann von den Städten die Öffnung der Geschäfte gestattet werden. Einkaufszentren, Kaufhäuser und zahlreiche Geschäfte in den Urlaubsorten machen keine Mittagspause.

POST

Die staatliche Postgesellschaft *Correos* hat einen schlechten Ruf. Ein Brief bis 20 g wie auch eine Postkarte kostet 26 Cent innerhalb Spaniens, 51 Cent ins europäische Ausland. Eilpost *(urgente)* bis 20 g: innerhalb Spaniens 1,85, ins europäische Ausland 2,30 Euro. Briefmarken *(sellos)* verkaufen Postämter und Tabakgeschäfte *(estancos)*. Auskunft: www.correos.es

REISEZEIT

An der Levanteküste ist das ganze Jahr über Reisezeit, wobei das Hinterland im Sommer heiß ist. In hochgelegenen Gebieten kann im Winter kurzfristig Schnee fallen. Besonders in Murcia ist auch im Winter kaum mit Niederschlägen zu rechnen. Hauptsaison sind die *fallas*-Zeit im März, die Karwoche sowie Juli und August.

SPANISCHKURSE

Adressen privater und Universitäts-Sprachschulen der Region hält die *Oficina Dise* bereit *(C/. Menéndez Pelayo, s/n, Aulario III, 46010 València, Tel. 963 86 40 40, Fax 963 60 30 47, www.uv.es/dise)*.

STROM

220 Volt sind normal, ebenso die in Mitteleuropa üblichen Steckdosen.

TELEFON & HANDY

Für einen Anruf ins Ausland wählt man 00 als Auslandsvorwahl, 49 für Deutschland (bzw. 41 für die Schweiz, 43 für Österreich), dann die Ortsvorwahl ohne die Null plus die Rufnummer. Vorwahl für Spanien ist 0034. In Spanien gibt es keine Ortsvorwahl mehr; auch bei Ortsgesprächen muss immer die vollständige Nummer gewählt werden. Münz- und Kartentelefone gibt es genügend, Telefonkarten *(tarjetas)* erhält man in Tabakgeschäften.

Ihr deutsches Handy kommt Sie, falls Sie das Roaming freigeschaltet haben, an der Costa Blanca teuer zu stehen: Auch wenn die Daheimgebliebenen anrufen, dürfen Sie kräftig zahlen, und zwar schon dafür, dass man überhaupt nur versucht hat, Sie anzuwählen. Auf jeden Fall sollten Sie Ihre Mailbox deaktivieren. Ihre eigenen Anrufe werden auch dann als Auslandsverbindungen abgerechnet, wenn sich ihre deutschen Mobilfunkpartner in Spanien in derselben Wohnung aufhalten.

Wenn Sie mobil regen Kontakt zu Deutschland halten wollen, lohnt sich der Kauf einer Prepaid-Karte, z. B. von Vodaphone, die sie gegen Ihre SIM-Karte austauschen (Mailbox per #21#ok deaktivieren). Sollte noch ein Restguthaben überbleiben: bis zum nächsten Urlaub aufheben (Verfallsdatum erfragen!) oder einen frisch Angekommenen damit beglücken.

TRINKGELD

Der Obolus ist zwar nicht Pflicht, wohl aber üblich. Man wartet das Wechselgeld in Bars und Restaurants grundsätzlich ab, das zumeist auf einem Tellerchen gebracht wird. Hier lässt man liegen, was man für angemessen hält: 10 Prozent gelten als gutes Trinkgeld.

ZEITUNGEN

Internationale Zeitungen erhält man in Städten und Ferienorten meist am Erscheinungstag. Deutschsprachige Zeitungen: »Costa Blanca Nachrichten«, »Costa Blanca Zeitung«.

ZOLL

Für EU-Bürger sind nicht für den Handel bestimmte Waren zollfrei. Bei Zigaretten ist die Obergrenze 800 Stück, bei Wein 90 l. In die Schweiz dürfen maximal 200 Zigaretten oder 100 Zigarillos oder 50 Zigarren oder 250 g Tabak mitgenommen werden; bei Wein beträgt das Maximum 2 l, bei Schnaps 1 l.

Wetter in Alacant

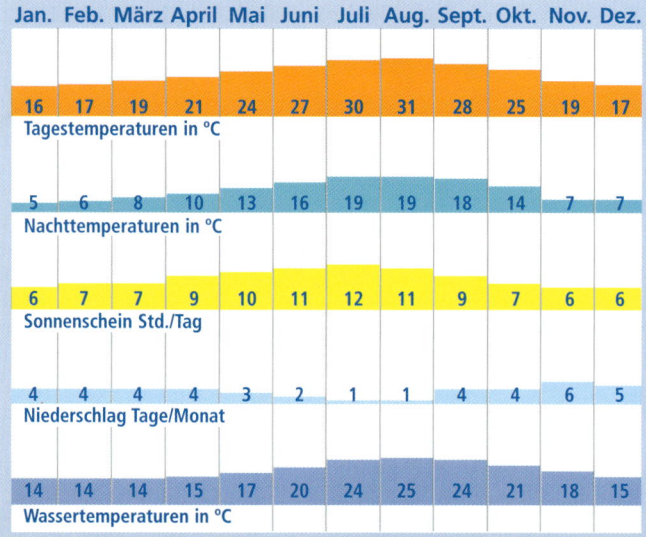

	Jan.	Feb.	März	April	Mai	Juni	Juli	Aug.	Sept.	Okt.	Nov.	Dez.
Tagestemperaturen in °C	16	17	19	21	24	27	30	31	28	25	19	17
Nachttemperaturen in °C	5	6	8	10	13	16	19	19	18	14	7	7
Sonnenschein Std./Tag	6	7	7	9	10	11	12	11	9	7	6	6
Niederschlag Tage/Monat	4	4	4	4	3	2	1	1	4	4	6	5
Wassertemperaturen in °C	14	14	14	15	17	20	24	25	24	21	18	15

SPRACHFÜHRER SPANISCH

¿Hablas español?

»Sprichst du Spanisch?«
Dieser Sprachführer hilft Ihnen, die wichtigsten
Wörter und Sätze auf Spanisch zu sagen

Zur Erleichterung der Aussprache:	
c	vor »e« und »i« stimmloser Lispellaut stärker als engl. »th«
ch	stimmloses »tsch« wie in »tschüss«
g	vor »e, i« wie deutsches »ch« in »Bach«
gue, gui/que, qui	das »u« ist immer stumm, wie deutsches »g«/»k«
j	immer wie deutsches »ch« in »Bach«
ll, y	wie deutsches »j« zwischen Vokalen. Bsp.: Mallorca
ñ	wie »gn« in »Champagner«

AUF EINEN BLICK

Ja./Nein.	Sí./No.
Vielleicht.	Quizás./Tal vez.
In Ordnung./Einverstanden!	¡De acuerdo!/¡Está bien!
Bitte./Danke.	Por favor./Gracias.
Vielen Dank!	Muchas gracias.
Gern geschehen.	No hay de qué./De nada.
Entschuldigung!	¡Perdón!
Wie bitte?	¿Cómo dice/dices?
Ich verstehe Sie/dich nicht.	No le/la/te entiendo.
Ich spreche nur wenig …	Hablo sólo un poco de …
Können Sie mir bitte helfen?	¿Puede usted ayudarme, por favor?
Ich möchte …	Quiero …/Quisiera …/Me gustaría …
Das gefällt mir (nicht).	(No) me gusta.
Haben Sie …?	¿Tiene usted …?
Wie viel kostet es?	¿Cuánto cuesta?

KENNENLERNEN

Guten Morgen!	¡Buenos días!
Guten Tag!	¡Buenos días!/¡Buenas tardes!
Guten Abend!	¡Buenas tardes!/¡Buenas noches!
Hallo! Grüß dich!	¡Hola! ¿Qué tal?
Ich heiße …	Me llamo …
Wie ist Ihr Name, bitte?	¿Cómo se llama usted, por favor?
Wie geht es Ihnen/dir?	¿Cómo está usted?/¿Qué tal?

Danke. Und Ihnen/dir?	Bien, gracias. ¿Y usted/tú?
Auf Wiedersehen!	¡Adiós!
Tschüss!	¡Adiós!/¡Hasta luego!
Bis morgen!	¡Hasta mañana!

UNTERWEGS

Auskunft

links/rechts	a la izquierda/a la derecha
geradeaus	todo seguido/derecho
nah/weit	cerca/lejos
Wie weit ist das?	¿A qué distancia está?
an der Ampel	al semáforo
an der nächsten Ecke	en la primera esquina
Bitte, wo ist …	Perdón, ¿dónde está …
… der Busbahnhof?	… la estación de autobuses?
… die Haltestelle?	… la parada?
Fahrplan	horario
Eine Fahrkarte nach … bitte.	Un billete para …, por favor.
Ich möchte hier aussteigen.	Quiero bajar aquí.
Ich möchte … mieten.	Quisiera alquilar …
… ein Auto…	… un coche.
… ein Boot…	… un barco.

Panne

Ich habe eine Panne.	Tengo una avería.
Würden Sie mir bitte einen Abschleppwagen schicken?	¿Puede usted enviarme un cochegrúa, por favor?
Gibt es hier in der Nähe eine Werkstatt?	¿Hay algún taller por aquí cerca?

Tankstelle

Wo ist bitte die nächste Tankstelle?	¿Dónde está la gasolinera más cercana, por favor?
Ich möchte … Liter …	Quisiera … litros de …
… Normalbenzin.	… gasolina normal.
… Super./… Diesel.	… súper./… diesel.
Voll tanken, bitte.	Lleno, por favor.

Unfall

Hilfe!	¡Ayuda! / ¡Socorro!
Achtung!	¡Atención!
Rufen Sie bitte schnell …	Llame enseguida …
… einen Krankenwagen.	… una ambulancia.
… die Polizei.	… a la policía.
… die Feuerwehr.	… a los bomberos.

SPRACHFÜHRER SPANISCH

Haben Sie Verbandszeug?	¿Tiene usted botiquín de urgencia?
Es war meine Schuld.	Ha sido por mi culpa.
Es war Ihre Schuld.	Ha sido por su culpa.
Geben Sie mir bitte Ihren Namen und Ihre Anschrift.	¿Puede usted darme su nombre y dirección?

ESSEN/UNTERHALTUNG

Wo gibt es hier ...	¿Dónde hay por aquí cerca ...
... ein gutes Restaurant?	... un buen restaurante?
... ein nicht zu teures Restaurant?	... un restaurante no demasiado caro?
Reservieren Sie uns bitte für heute Abend einen Tisch für vier Personen.	¿Puede reservarnos para esta noche una mesa para cuatro personas?
Die Speisekarte, bitte.	La carta, por favor.
Könnte ich bitte ... haben?	¡Tráigame..., por favor!
... ein Messer?	... un cuchillo?
... eine Gabel?	... un tenedor?
... einen Löffel?	... una cuchara?
Auf Ihr Wohl!	¡Salud!
Bezahlen, bitte.	¡La cuenta, por favor!

EINKAUFEN

Wo finde ich ...	Por favor, ¿dónde hay ...
... eine Apotheke?	... una farmacia?
... eine Bäckerei?	... una panadería?
... ein Fotogeschäft?	... una tienda de artículos fotográficos?
... ein Einkaufszentrum?	... un centro comercial?
... ein Lebensmittelgeschäft?	... una tienda de comestibles?
... den Markt?	... el mercado?

ÜBERNACHTUNG

Können Sie mir bitte ... empfehlen?	Perdón, señor/señora/señorita. ¿Podría usted recomendarme ...
... ein Hotel...	... un hotel?
... eine Pension...	... una pensión?
Ich habe ein Zimmer reserviert.	He reservado una habitación.
Haben Sie noch ...	¿Tienen ustedes ...?
... ein Einzelzimmer?	... una habitación individual?
... ein Zweibettzimmer?	... una habitación doble?
... mit Dusche/Bad?	... con ducha/baño?
... für eine Nacht?	... para una noche?

... für eine Woche? ... para una semana?
... ein ruhiges Zimmer? ... una habitación tranquila?
Was kostet das Zimmer ¿Cuánto cuesta la habitación
mit ... con ...
   ... Frühstück?   ... desayuno?
   ... Halbpension?   ... media pensión?

PRAKTISCHE INFORMATIONEN

Arzt
Können Sie mir einen ¿Puede usted indicarme un buen
guten Arzt empfehlen? médico?
Ich habe hier Schmerzen. Me duele aquí.
Ich habe ... Tengo ...
   ... Kopfschmerzen.   ... dolor de cabeza.
   ... Zahnschmerzen.   ... dolor de muelas.
   ... Durchfall.   ... diarrea.
   ... Fieber.   ... fiebre.

Post
Was kostet ... ¿Cuánto cuesta ...
   ... ein Brief ...   ... una carta ...
   ... eine Postkarte ...   ... una postal ...
   ... nach Deutschland?   ... para Alemania?
Eine Briefmarke, bitte. Un sello, por favor.

ZAHLEN

0	cero	19	diecinueve
1	un, uno, una	20	veinte
2	dos	21	veintiuno, -a, veintiún
3	tres	22	veintidós
4	cuatro	30	treinta
5	cinco	40	cuarenta
6	seis	50	cincuenta
7	siete	60	sesenta
8	ocho	70	setenta
9	nueve	80	ochenta
10	diez	90	noventa
11	once	100	cien, ciento
12	doce	200	doscientos, -as
13	trece	1000	mil
14	catorce	2000	dos mil
15	quince	10000	diez mil
16	dieciséis		
17	diecisiete	1/2	medio
18	dieciocho	1/4	un cuarto

REISEATLAS

Reiseatlas Costa Blanca

Die Seiteneinteilung für den Reiseatlas finden Sie auf dem hinteren Umschlag dieses Reiseführers

Mit freundlicher Unterstützung von

kein urlaub ohne
holiday autos

www.holidayautos.com

anzeige

total relaxed in den urlaub: einsteiger-übung

1. lehnen sie sich entspannt zurück und gleiten sie in gedanken zu den cleveren angeboten von holiday autos. stellen sie sich vor, als weltgrösster vermittler von ferienmietwagen bietet ihnen holiday autos

   - mietwagen in über 80 urlaubsländern
   - zu äusserst attraktiven preisen

2. vergessen sie jetzt die üblichen zuschläge und überraschungen. dank

   - alles inklusive tarife
   - wegfall der selbstbeteiligung
   - und min. 1,5 mio € haftpflichtdeckungssumme (usa: 1,1 mio €)

   steht ihr endpreis bei holiday autos von anfang an fest.

3. nehmen sie ganz ruhig den hörer, wählen sie die telefonnummer **0180 5 17 91 91** (12cent/min), surfen sie zu **www.holidayautos.com** oder fragen sie in ihrem reisebüro nach den topangeboten von holiday autos!

kein urlaub ohne

holiday autos

KARTENLEGENDE REISEATLAS

Autobahn mit Anschlussstelle
Motorway with junction

Autobahn in Bau
Motorway under construction

Autobahn in Planung
Motorway projected

Raststätte mit Übernachtungsmöglichkeit
Roadside restaurant and hotel

Raststätte ohne Übernachtungsmöglichkeit
Roadside restaurant

Erfrischungsstelle, Kiosk
Snackbar, kiosk

Tankstelle, Autohof
Filling-station, Truckstop

Autobahnähnliche Schnellstraße mit Anschlussstelle
Dual carriage-way with motorway characteristics with junction

Straße mit zwei getrennten Fahrbahnen
Dual carriage-way

Durchgangsstraße
Thoroughfare

Wichtige Hauptstraße
Important main road

Hauptstraße
Main road

Sonstige Straße
Other road

Fernverkehrsbahn
Main line railway

Bergbahn
Mountain railway

Autotransport per Bahn
Transport of cars by railway

Autofähre
Car ferry

Schifffahrtslinie
Shipping route

Landschaftlich besonders schöne Strecke
Route with beautiful scenery

Touristenstraße
Tourist route

Straße gegen Gebühr befahrbar
Toll road

Straße für Kraftfahrzeuge gesperrt
Road closed to motor traffic

Zeitlich geregelter Verkehr
Temporal regulated traffic

Bedeutende Steigungen
Important gradients

Kultur
Culture

★★ PARIS
★★ *la Alhambra*

Eine Reise wert
Worth a journey

★ TRENTO
★ *Comburg*

Lohnt einen Umweg
Worth a detour

Landschaft
Landscape

★★ Rodos
★★ *Fingal's cave*

Eine Reise wert
Worth a journey

★ Korab
★ *Jaskinia raj*

Lohnt einen Umweg
Worth a detour

Besonders schöner Ausblick
Important panoramic view

Ausflüge & Touren
Excursions & tours

Nationalpark, Naturpark
National park, nature park

Sperrgebiet
Prohibited area

Bergspitze mit Höhenangabe in Metern
4807 Mountain summit with height in metres

(630) Ortshöhe
Elevation

Kirche
Church

Kirchenruine
Church ruin

Kloster
Monastery

Klosterruine
Monastery ruin

Schloss, Burg
Palace, castle

Schloss-, Burgruine
Palace ruin, castle ruin

Denkmal
Monument

Wasserfall
Waterfall

Höhle
Cave

Ruinenstätte
Ruins

Sonstiges Objekt
Other object

Jugendherberge
Youth hostel

Badestrand · Surfen
Bathing beach · Surfing

Tauchen · Fischen
Diving · Fishing

Verkehrsflughafen
Airport

Regionalflughafen · Flugplatz
Regional airport · Airfield

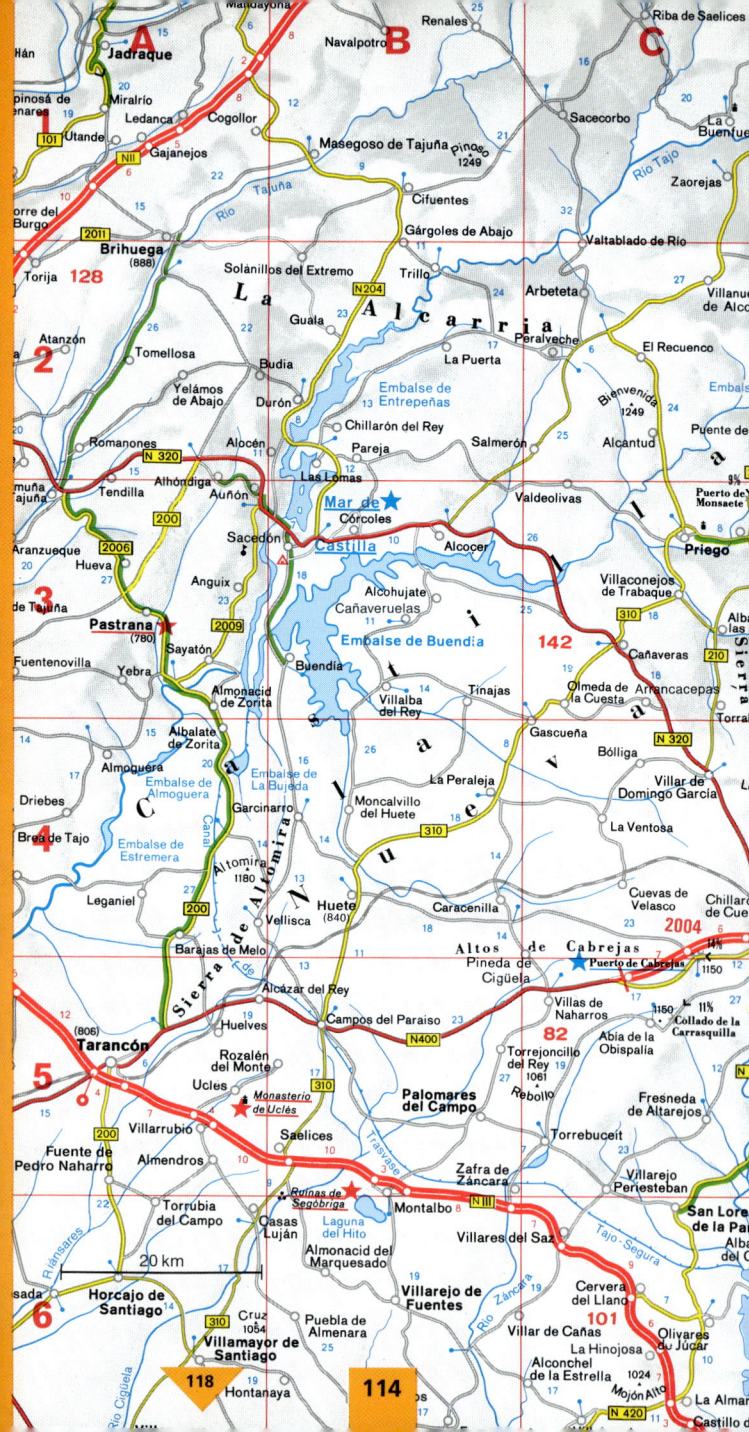

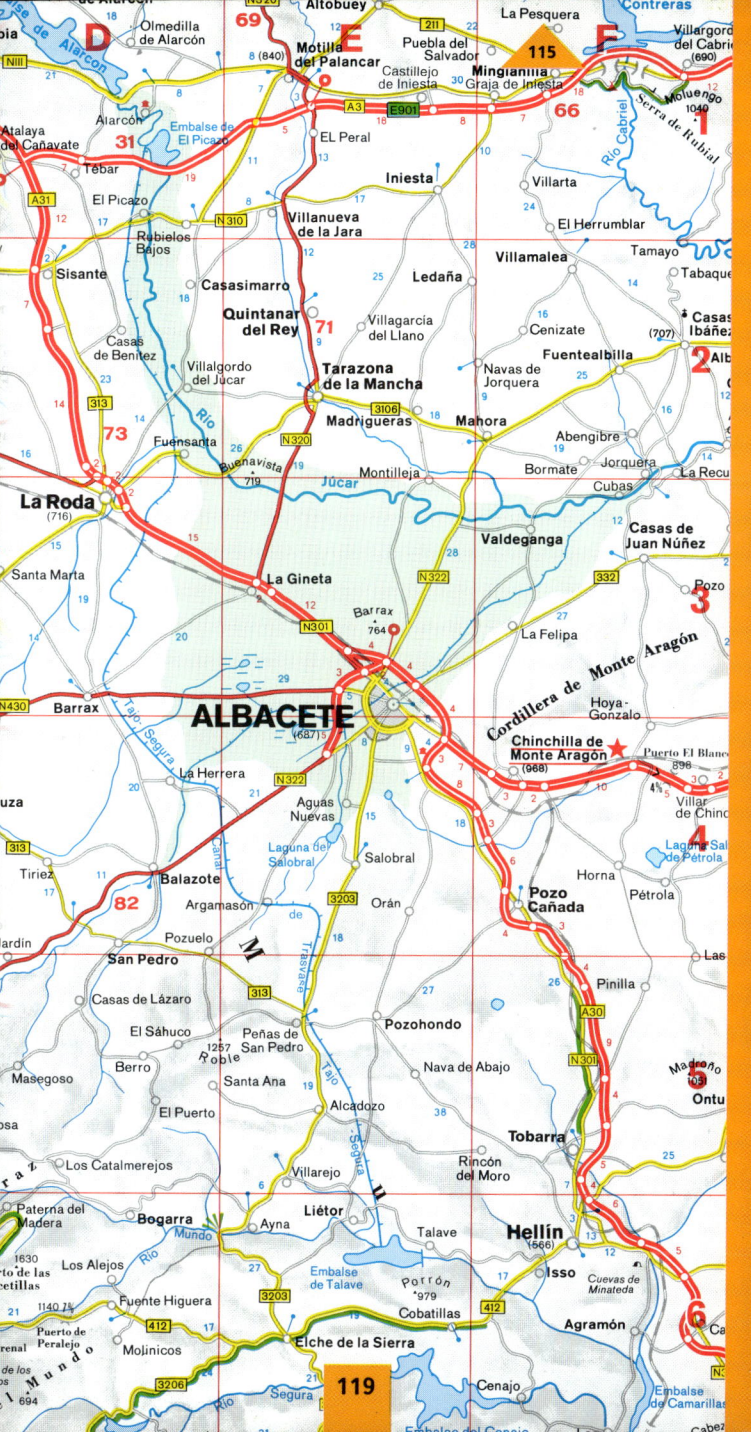

anzeige

total relaxed in den urlaub: übung für fortgeschrittene

1. schliessen sie die augen und denken sie intensiv an das wunderbare wort „ferienmietwagen zum alles inklusive preise". stellen sie sich viele extras vor, die bei holiday autos alle im preis inbegriffen sind:

- unbegrenzte kilometer
- haftpflichtversicherung mit min. 1,5 mio €uro deckungssumme (usa: 1,1 mio €uro)
- vollkaskoversicherung ohne selbstbeteiligung
- kfz-diebstahlversicherung ohne selbstbeteiligung
- alle lokalen steuern
- flughafenbereitstellung
- flughafengebühren

2. atmen sie tief ein und lassen sie vor ihrem inneren auge die zahlreichen auszeichnungen vorbeiziehen, die holiday autos in den letzten jahren erhalten hat.

   sie buchen ja nicht irgendwo.

3. nehmen sie ganz ruhig den hörer, wählen sie die telefonnummer **0180 5 17 91 91** (12cent/min), surfen sie zu **www.holidayautos.com** oder fragen sie in ihrem reisebüro nach den topangeboten von holiday autos!

kein urlaub ohne

holiday autos

124

MARCO 🌐 POLO

Für Ihre nächste Reise gibt es folgende Titel:

Deutschland
- Allgäu
- Amrum/Föhr
- Bayerischer Wald
- Berlin
- Bodensee
- Chiemgau/ Berchtesgaden
- Dresden/ Sächsische Schweiz
- Düsseldorf
- Eifel
- Erzgebirge/ Vogtland
- Franken
- Frankfurt
- Hamburg
- Harz
- Heidelberg
- Köln
- Lausitz/Spreewald/ Zittauer Gebirge
- Leipzig
- Lüneburger Heide/ Wendland
- Mark Brandenburg
- Mecklenburgische Seenplatte
- Mosel
- München
- Nordseeküste Schleswig-Holstein
- Oberbayern
- Ostfriesische Inseln
- Ostfriesland Nordseeküste Niedersachsen
- Ostseeküste Mecklenburg-Vorpommern
- Ostseeküste Schleswig-Holstein
- Pfalz
- Potsdam
- Rügen
- Ruhrgebiet
- Schwarzwald
- Stuttgart
- Sylt
- Thüringen
- Usedom
- Weimar

Österreich Schweiz
- Berner Oberland/ Bern
- Kärnten
- Österreich
- Salzburger Land
- Schweiz
- Tessin
- Tirol
- Wien
- Zürich

Frankreich
- Bretagne
- Burgund
- Côte d'Azur
- Disneyland Paris
- Elsass
- Frankreich
- Französische Atlantikküste
- Korsika
- Languedoc/ Roussillon
- Loire-Tal
- Normandie
- Paris
- Provence

Italien Malta
- Apulien
- Capri
- Dolomiten
- Elba/Toskanischer Archipel
- Emilia-Romagna
- Florenz
- Gardasee
- Golf von Neapel
- Ischia
- Italien
- Italienische Adria
- Italien Nord
- Italien Süd
- Kalabrien
- Ligurien
- Mailand/ Lombardei
- Malta
- Oberitalienische Seen
- Piemont/Turin
- Rom
- Sardinien
- Sizilien
- Südtirol
- Toskana
- Umbrien
- Venedig
- Venetien/Friaul

Spanien Portugal
- Algarve
- Andalusien
- Barcelona
- Costa Blanca
- Costa Brava
- Costa del Sol/ Granada
- Fuerteventura
- Gran Canaria
- Ibiza/Formentera
- La Gomera/ El Hierro
- Lanzarote
- La Palma
- Lissabon
- Madeira
- Madrid
- Mallorca
- Menorca
- Portugal
- Spanien
- Teneriffa

Nordeuropa
- Bornholm
- Dänemark
- Finnland
- Island
- Kopenhagen
- Norwegen
- Schweden
- Südschweden/ Stockholm

Westeuropa Benelux
- Amsterdam
- Brüssel
- England
- Flandern
- Irland
- Kanalinseln
- London
- Luxemburg
- Niederlande
- Niederländische Küste
- Schottland
- Südengland

Osteuropa
- Baltikum
- Budapest
- Kaliningrader Gebiet
- Masurische Seen
- Moskau
- Plattensee
- Polen
- Prag
- Riesengebirge
- Rumänien
- Russland
- Slowakei
- St. Petersburg
- Tschechien
- Ungarn

Südosteuropa
- Bulgarien
- Kroatische Küste/ Dalmatien
- Kroatische Küste/ Istrien/Kvarner
- Slowenien

Griechenland Türkei
- Athen
- Chalkidiki
- Griechenland Festland
- Griechische Inseln/Ägäis
- Istanbul
- Korfu
- Kos
- Kreta
- Peloponnes
- Rhodos
- Samos
- Santorin
- Türkei
- Türkische Südküste
- Türkische Westküste
- Zakinthos
- Zypern

Nordamerika
- Chicago und die Großen Seen
- Florida
- Hawaii
- Kalifornien
- Kanada
- Kanada Ost
- Kanada West
- Los Angeles
- New York
- San Francisco
- USA
- USA Neuengland/ Long Island
- USA Ost
- USA Südstaaten
- USA Südwest
- USA West
- Washington D.C.

Mittel- und Südamerika Antarktis
- Antarktis
- Argentinien
- Brasilien
- Chile
- Costa Rica
- Dominikanische Republik
- Jamaika
- Karibik/ Große Antillen
- Karibik/ Kleine Antillen
- Kuba
- Mexiko
- Peru/Bolivien
- Venezuela
- Yucatán

Afrika Vorderer Orient
- Ägypten
- Djerba/ Südtunesien
- Dubai/Emirate/ Oman
- Israel
- Jemen
- Jerusalem
- Jordanien
- Kenia
- Marokko
- Namibia
- Südafrika
- Syrien
- Tunesien

Asien
- Bali/ Lombok
- Bangkok
- China
- Hongkong/ Macau
- Indien
- Japan
- Ko Samui/ Ko Phangan
- Malaysia
- Nepal
- Peking
- Phuket
- Rajasthan
- Singapur
- Sri Lanka
- Thailand
- Tokio
- Vietnam

Indischer Ozean Pazifik
- Australien
- Hawaii
- Malediven
- Mauritius
- Neuseeland
- Seychellen
- Südsee

Englische Ausgaben
- Berlin
- Hamburg
- Munich

Sprachführer
- Arabisch
- Englisch
- Französisch
- Griechisch
- Italienisch
- Kroatisch
- Niederländisch
- Norwegisch
- Polnisch
- Portugiesisch
- Russisch
- Schwedisch
- Spanisch
- Tschechisch
- Türkisch
- Ungarisch

In diesem Register sind alle in diesem Führer erwähnten Orte und Ausflugsziele sowie wichtige Namen und Stichworte verzeichnet. Halbfette Seitenzahlen verweisen auf den Haupteintrag, kursive auf ein Foto.

Abanilla 90
Agost 101, 23, **67**
Agrés 48
Águilas 78
Alacant (Alicante) 10, 19, 24f, 56, **61ff**, *62, 65, 67*
Albarracín 31
Albudeite 90
Alcalá de la Jovada 88
Alcoi (Alcoy) 23, 25, **47f**
Alguazas 90
Alhama de Murcia 91, *91*
Alpatró 88
Altea *6, 7,* 47, **52**, 66, 98
Aqualandia Benidorm 97
Archena 77, 84, 90, 99
Arca de Noé, La (Tierpark) 53, **98**
Ayora 45
Azohía 81
Balneario de Archena 90
Balneario de Fortuna 90
Bañares 25
Baños de Mula 90
Barinas 90
Benialí 88
Benicarló 27, *28*
Benicàssim 25, 28f
Benidoleig 57
Benidorm 9, 23, 24f, 47, **49ff**, *51, 97*
Benimantel 53, 98
Benirrama 88
Benisili 88
Benissa 23, 47, *47*, 59, 98
Benissano 44
Benissiva 88
Biar 67
Bocairent 49
Bolulla 53
Borriana 29
Bullas 21, 91
Buñol 10, 25, 44
Cabo de Palos 79f
Cactuslandia 98
Cala del Cabo Blanco 44
Calablanque 79
Calatrava, Santiago 9, 34f
Calles 44
Callosa d'En Sarrià 53
Calp (Calpe) 7, 23, 25, **52f**, 66, 93, 98

Campos del Río 90
Cap de la Nao 58, *92*
Cap de Sant Antoni 58, 94f
Caravaca de la Cruz 16, 23, 25, 77, **84**
Cartagena 77, **78**, 81
Castell de Castells 88, *89*
Castelló (Castellón) de la Plana 11, 27, **28**
Castillo de la Mola 68
Cava Grau 48
Ceheguín 23
Ceutí 90
Chelva 44
Chirles 54
Chiva 44
Chulilla 44
Ciudad de las Artes y las Ciencias 9, 34, **35**
Cocentaina 49
Consuegra 15
Costa del Azahar 7, **27ff**
Costa Cálida *7, 76,* **77ff**
Cova del Parpalló 38
Cova dell Rull 88
Coves de Sant Josep 29, **97**
Coy 23, 83, 91
Cuatro Calas 78
Cuenca 32ff, *32*
Cueva de la Calaveras 57
Cullera 43, *43*
Dénia 16, 21, 23, 25, 47, **55ff**, 66, 87, 94
Dinópolis Teruel 97
Ebo 88
El Campello 65
El Cid 8, 30, 34, 45
Elda 67f
El Grau de Castelló 29
El Grau de Sagunt 45
El Grau de València 37
El Marjal 57
El Partidor 90
El Perelló 42
El Saler 41, 43
El Verger 87
Elisabeth, Kaiserin von Österreich (»Sissi«) 70f
Els Poblets **58**, 95
Elx (Elche) 7, 11, 23, 25, *60,* 61, **70ff**, 93

Eselfarm Les Murtes 98
Finca la Cuta 59
Flamenco 14
Forcall 30
Forna 87f
Fortuna 77, 89
Gandia 25, 27, 41, **57**
Gargantua del Turia 44
Gata de Gorgos 23, 51
Guadalest **53**, *54,* 98
Guardamar del Segura 23, 25, 75, *75,* 95
Huerta de València 44
Isla Mayor 81
Islas Columbretes 28
Islas Hormigas 80
Islote de Benidorm 50f, 66
Jalance 45
Jumilla 21, 25, 68
Llíria 44
L'Atzubia 87f
La Albufera 11, **42**, *42*
La Alcudia 70
La Carroja 88
La Font Santa 98
La Manga del Mar Menor 9, 77, 79, **80**, *111*
La Mata 95
La Ñora 83
La Paca 23, 83, 91
Las Rotas 55
La Unión 79, **81**
La Vila Joiosa (Villajoyosa) 54, *55*
Lorca 23, **84**
Los Alcázares 79
Macisvenda 90
Macizo del Caroche 44
Manises 10
Mar Menor 9, 21, 77, **79ff**
Millares 44
Moncofa 29
Monòver (Monóvar) 68
Montgó 55, 59, 94
Moraira 7, 58, *58,* 93, 98
Moratalla *77,* 84
Morella 29
Mudéjar-Stil 10, 31
Mula 25, 90
Murcia 7, 10f, *11,* 23ff, 77, **81ff**

|126